대도시의 사랑법 각본집

각본 김나들
감독 이언희

KB246965

길었든 짧았든,

머물렀든 스쳐갔든,

나를 키웠던 모든 인연들로부터 빌려 쓴 장면과 대사들이 많습니다.

그래서 유독 즐겁고 애틋한 영화로 남을 것 같습니다.

인생 참 뜻대로 되지 않고, 먹고 사는 일은 늘 별로잖아요.

그러니 우리,

재희와 흥수처럼

서로 참 가여워하고 늘 애틋했으면 해요.

우리의 영화가 당신의 오랜 친구로 남길 바라며.

각본 김나들

박상영 작가님의 〈재희〉라는 단편을 보고 장편영화로
만들겠다고 결심한 후, 김나들 작가님을 만날 수 있었던 것은
저에게 정말 큰 행운이었습니다.

김나들 작가님, 그리고 김혜성, 남다정, 이정아 피디님들과
이 시나리오를 만들어 갔던 그 시간은 제가 영화를 만들기 시작한
이후로 가장 행복했던 기억으로 남아 있습니다.

우리는 재희와 흥수에 대해 이야기하며 우리 스스로에 대해
이야기하였고, 그렇게 오가는 이야기들 속에서 우리가 얼마나
다른지, 그러면서도 얼마나 비슷한지, 서로를 통해 제 스스로를
알아가는 시간이기도 하였습니다.

시나리오 작업을 하면서뿐만 아니라 〈대도시의 사랑법〉을 만드는
과정에서, 그리고 완성된 영화를 보여 드리고 난 이후로, 저는
어느 때보다 많은 이들의 이야기를 들을 수 있었습니다.

〈대도시의 사랑법〉은 새희와 흥수의 이야기이지만, 또한 이 영화를
보아 주신 여러분들의 이야기라고 생각합니다.

이 시나리오를 읽어 주시는 분들께서도 〈대도시의 사랑법〉을
통해 자신의 이야기를 들려주시면 좋겠습니다. 우리는 각자 너무
다르지만, 우리는 함께 이 시간을 살아가고 있으니까요.

감독 이언희

목차

시나리오

일러두기

이 책에 수록된 각본은 최종 공개된 영화와는 내용과 순서 등이 다를 수 있습니다.
일부 문법에 맞지 않는 대사 또한 어감을 살리는 쪽으로 편집했습니다.
인물이 화면 밖에서 말할 때는 이름을 괄호 안에 넣어 표기했습니다.
두 인물의 말이 겹치거나 한 인물이 다른 인물의 말을 끊을 때는 슬래시(/)로
표기했습니다.

#1. 웨딩홀, 엘리베이터 안 / 낮

한껏 멋을 낸 남녀들이 옹기종기 붙어서 있다.
쿠션 팩트를 돌려가며 화장 상태를 체크 중인 여자들.

>   **아영**   사진 찍을 거지?
>   **지영**   그래야지.
>   **계영**   몇 개월이래?
>   **아영**   아니래.
>   **지영**   아니래?

눈빛을 주고받더니 동시에 핸드폰을 들고 카톡으로 대화를 시작한다.

>   **계영**   아니긴 막이래 ㅋ
>   **지영**   빼박이지 ㅎㅎㅎ
>   **아영**   신혼집 송파라며? 거기 30평대면 얼마야?
>   **계영**   하여튼 놀던 애들이 시집은 더 잘 간다니까
>   **아영**   열심히 사는 애잖아. 능력자.
>   **지영**   근데 그 소문 사실이야? 학교 다닐 때 걔랑...

서로를 쳐다보며,

>   **아영**   걔? 우리 과 걔?
>   **지영**   그래, 걔.
>   **계영**   아... 걔!

엘리베이터가 멈춘다. 문이 열리자 우르르 내리는 하객들. 그제야 뒤에
서 있던 남자(흥수, 33)의 모습이 드러난다. 포마드로 말끔하게 빗어 넘긴
머리. 딱 떨어지는 수트에 스니커즈. 무표정한 얼굴로 따라 내리는 흥수.
피식 미소가 스친다.

#2. 예식장 안 / 낮

예식장 안으로 들어서는 흥수. 원형 테이블 사이를 지나는데 들리는 목소리.

> **(철구)** 장흥수?

돌아보면, 반쯤 머리가 벗겨진 철구가 반가워하며 어깨를 때린다. 같은 테이블에 앉아 있던 아영, 지영, 계영이 놀란 표정으로 흥수를 본다.

> **철구** 야, 이게 몇 년 만이냐? 독서실에서 보고 처음이지?
> 아닌가? 잘 지냈냐? 뭐하고 사냐? 인사해, 우리 와이프.
> 결혼은 했고? 둘은 쭉 연락하고 지냈나 봐?
> 와... 네가 올 줄은 몰랐는데.
> **흥수** 그러게, 나도 니들이 올 줄은 몰랐다.
> **철구 아내** 신부가 학교 다닐 때 인기가 많았나 봐요. 동창들이 엄청
> 온 거 같은데?

테이블에 앉은 모두가 의미심장한 미소를 짓는다. 그때, "야, 오철구!"
"소현이도 왔네?" 시끄럽게 등장하는 해구.

CUT TO.

서로의 근황을 나누는 동창들.

> **상구** 넌 그래도 영업은 안 해도 되잖아.
> **철구** 영업 없는 은행이 어딨냐?
> 영업직, 서비스직, 사무직 스트레스까지 쓰리콤보로
> 받고 산다.
> **소현** 스트레스가 다 머리로 갔나 보네.
> **철구** 정답! 참, 혜정이도 올봄에 결혼한다고 하지 않았어?
> **종구** (입 모양) 파혼.

철구   (큰소리로) 파혼했어?

옆 테이블에 앉은 혜정이가 철구를 노려본다. 당황한 철구.

철구   ... 파혼이 뭐 흠이냐, 살다가 이혼하는 것보다 백번 낫지.
(시선 돌려) 상구 넌 애기 많이 컸겠다? 돌 때 보고
못 본 거 같은데?
상구   어, 나도 못 보고 살아. 이혼했어, 작년에.
철구   ... 살다가 안 맞으면 이혼할 수도 있지! 백세 시대에 결혼
한 번 하긴 아깝잖아?

아내와 눈 마주치는 철구. 급하게 시선 피하며

철구   흥수 넌 결혼 안 하냐?

모두 궁금한 표정으로 흥수를 본다. 말없이 물을 마시는 흥수. 모두의 시선이
그의 손목에 꽂힌다. 손목 안쪽에 선명하게 새겨진 문신 JH.
그때, 신부의 가방순이가 다급한 얼굴로 달려온다.

가방순이   혹시 재희 보셨어요?

#3. 신부대기실, 로비 / 낮
의자 위에 덩그러니 놓인 부케. 발을 동동거리며 전화를 걸고 있는
신부 부모. 멀찌감치 떨어져 그 모습을 보던 흥수, 다급하게 뛰어가는
도우미의 앞을 막으며,

흥수   저기요. (담배 꺼내며) 어디로 가면 돼요?

#4. 웨딩홀, 외부계단 / 낮

철제 계단으로 나오자 탁 트인 도심 풍경이 펼쳐진다.

휴지통을 그냥 지나쳐 계단을 올라가는 흥수.

묵묵히 오르다 고개를 들면... 계단 위에 웨딩드레스를 입은 재희가 앉아 있다.

턱을 괴고 앉아 담배를 피우는 재희. 손목에 새겨진 JH.

붉은 립스틱 사이로 연기를 뱉으며 환하게 웃는다.

> **재희**   자기 왔어?

#5. 과거 _ 대학교 주차장, 버스 안 / 아침

자막 **20**

'불어불문학과 신입생 여러분을 환영합니다!' 플래카드를 단 버스 안.
두리번거리며 자리를 찾는 흥수. 눈을 가린 긴 앞머리에 앳된 얼굴이다.
조용히 창가 자리에 앉으면, 풍성한 머리숱의 철구가 옆에 앉는다.

> **철구** 와… 여자애들 존나 많아. 과팅은 못 하겠다. CC는
> 피곤한데. 안 그러냐? 어? 너 혹시 대현초? 아니야?
> 그럼 도곡중? 아닌가? 수시 때 봤나?
> 야, 나 입 냄새 나냐? (입에 손을 대고 냄새 확인)
> 너 혈액형 뭐냐?
>
> **흥수** ……
>
> **철구** (뚫어져라) …
>
> **흥수** B.
>
> **철구** 오, 나쁜 남자. 난 뭐 같냐?
>
> **흥수** … ADHD?

흥수 이어폰을 끼며 창밖으로 시선을 돌린다. 출발하던 버스가 급정거하는
바람에 철구의 책이 떨어진다. '세계를 품은 외교관'.

창밖으로 버스 앞을 막아선 빨간색 베스파가 보인다. 짧은 반바지를 입고
베스파에서 내리는 재희. 긴 머리를 쓸어 올리며 버스에 오르는 재희를
휘둥그레 쳐다보는 학생들.

#6. 수련원 식당 / 밤

오프숄더 스웨터 차림의 재희가 자신의 잔에 소주를 따른다.
남녀 할 것 없이 재희의 드러난 한쪽 어깨를 흘끔거린다. 잘생긴 원어민 강사
올리비에(프랑스인, 30대 남)가 일어나 건배사를 외친다.

    올리비에   (잔 들어 올리며) santé ! 마셔 부러!

"마셔 부러!" 신나게 복창하며 잔을 부딪치는 학생들.

    재희   (올리비에와 눈 맞추며) Tchin-tchin.

학생들, 그런 둘의 모습 놓치지 않는다. 재희 앞에 마주 앉아 술을 따라주는
올리비에.

    올리비에   Il paraît que t'es venue de Paris.
            Tu habitais où à Paris? (파리에서 왔다며?
            어디에 살았어?)
    재희   Avant, dans le 15ème puis à Belleville
            chez une copine. (처음에는 15구에 살다가, 나중엔
            벨빌 친구네 집에.)
    올리비에   Ah oui? C'est sympa Belleville.
            (그래? 벨빌 좋지.)
    재희   (웃으며) Oui. Je préfère bien que le 15ème.
            (15구보다 훨씬 좋아.)

유창한 프랑스어로 대화하는 재희. 학생들 부러운 듯 쳐다본다.

시간경과.

"바니바니 바니바니! 당근당근 당근당근!" 얼큰하게 취해 술 게임 중인
학생들 보이고... 술에 취해 테이블에 엎어져 있는 상구.
올리비에가 "Hey, ça va?" (괜찮아?) 물으며 어깨에 손을 가져다 대자

      상구   (팔 휘저어대며) 놔, 씨... 건들지 말라고, 씨발!

또 다른 쪽에선 술병을 붙잡고 오열 중인 소현.

      소현   내가 여기 올 성적이 아닌데... 흑흑... 나 모의고사
                전교 1등도 해봤다고. 수능을 개죽쒀서... 바로 편입 준비
                할 거야. 흐흐흑...

안타까운 눈빛으로 소현의 이야기를 경청하던 철구,
슬그머니 일어나 사람들 사이를 비집고 재희 옆에 앉는다.

      철구   안녕, 난 철구라고 /
      종구   (말 끊으며 재희에게) 나가서 아이스크림 먹을래?
      해구   (쓱 끼어들며) 응, 난 메로나.

흥수는 깔깔이 입은 예수님 머리의 선배와 나란히 앉아 있다.

      선배   넌 불문과 왜 왔냐?
      흥수   ... 카뮈를 좋아해서요.

그 말에 힐끗 흥수를 쳐다보는 올리비에.

선배　카뮈는 모로코 사람이야.

흥수　알제리 사람인데.

선배　(멈칫 째려보다가) 그러니까 불문학은 아니라는 거지.

흥수　소설은 프랑스어로 썼잖아요.

선배　(머리 넘기며 딴 데 보는) 오늘 아스널이랑 포르투 경기 있는 날 아니냐?

종구　예, 선배님. 포르투가 8강 가겠죠. 저번 경기 포르투가 이겼잖아요.
　　　아스널은 무조건 3점 차 이상 내야 8강 가는데...

해구　아스널은 안 될걸. 지난 시즌에도 바르셀로나한테 이기다가 2차전에서 4-1로 발렸잖아.

철구　윌셔도 부상이고 힘들걸.

선배　군대에서 장성급하고 공을 차면 말야. 공을 막아서도 안 되고 다치게 해도 안 되는데, 봐주는 걸 들켜서도 안 되거든? 태클을 걸고 싶은 내 거친 생각과 불안한 사령관님의 눈빛, 그걸 지켜보는 분대장... 와... 무슨 씨발...

남학생들 신나게 웃고, 여학생들 지루한 듯 몰래 하품을 하는데...

재희　아... 재미없어. 라이터 있는 사람?

철구　(손 번쩍) 나 있어! 나! 나!

말보로 레드를 꺼내며 밖으로 나가는 재희. 그 모습을 멍하니 보던 남학생들. 동시에 라이터를 들고 우르르 쫓아가면... 혼자 남은 선배. 주섬주섬 주머니를 뒤지며 따라간다. 어이가 없는 여학생들. 피식 웃으며 그 모습 지켜보던 올리비에. 혼자 남은 흥수에게 다가간다.

올리비에　나도 카뮈 좋아해. 이방인.

20

홍수	!(눈이 반짝)
올리비에	(이방인의 첫 문장을 불어로)
	Aujourd'hui maman est morte.
홍수	(한국어로 따라 하고) 오늘 엄마가 죽었다.
올리비에	Ou peut être hier. Je ne sais pas.
홍수	아니 어쩌면 어제... 모르겠다.

두 사람의 나직한 목소리가 아름답게 섞인다.
"오..." 멋있다는 듯 올리비에를 지켜보는 여학생들.

#7. 남자 샤워실, 락커룸 / 아침

퀭한 몰골로 사물함 앞에서 옷을 벗는 홍수.
철구가 요란하게 뛰어 들어오는 바람에 문에 부딪힌다.

철구	야야야! 내가 방금 여자들 방 앞에서 뭘 주운 줄 알아?

철구가 찢어진 콘돔 포장지를 내민다! 눈이 휘둥그레져 모여드는 남자들.

해구	대박!
상구	누구?
종구	뻔하지.
철구	(티셔츠 내려 자신의 한쪽 어깨 드러내고)

"오.. 팜므 파탈!" 다들 의미심장한 눈으로 미소 짓는데,

상구	근데... 누구랑?

순간 서로를 향하는 의심의 시선. 해구가 포장지에 적힌 문구를 발견한다.

해구   라지 핏... 유로피안 사이즈...?!

때마침 샤워를 마치고 나오는 올리비에. 해맑게 웃으며

올리비에   Bonjour !

모두의 시선이 올리비에의 그곳에 꽂힌다.

#8. 대학교, 강의실 / 낮

여전히 뜨거운 시선을 받으며 강의 중인 올리비에.

올리비에   (불어) 아듀는 전치사 à와 신을 뜻하는 Dieu의
            합성어예요. à Dieu=to God 신의 곁에서라는
            뜻입니다. 즉, 지금은 헤어지지만 신의 곁에 가서 다시
            만나자. En coréen (한국어로는) 뒈질 때까지 쌩까자,
            이 새퀴야.

웃음을 터뜨리는 학생들. 뒷자리에서 혼자만 웃지 않는 흥수. 올리비에를
가만히 보고 있다.

올리비에   Alors, ça bosse bien ? (공부 잘하고 있어?)
            (한국어) 중간고사 대체니까 잘 좀 혀.

올리비에가 강의실에서 나가자마자, 벌떡 일어나 강의실을 뛰쳐나가는
재희. 천천히 짐을 챙기는 흥수. 창밖을 보면 담배를 피우는 재희가 보인다.
이제야 살 것 같은 표정으로 길게 연기를 내뿜는 재희. 그때 흥수의 카톡이
울린다. 보면, [불어불문과 고추밭 단체방이 개설되었습니다.]

상구	멋지지 않냐? 저 자신감. 역시 유러피언.
종구	유러피언이 아니라 걍 튀고 싶은 거 같은데.
해구	완전 동의.
철구	여튼 내 꺼임 ㅎㅎ

각자 자리에서 재희를 흘끔대며 휴대폰에 열심히 타이핑 중인
철구, 종구, 해구.

#9. 대학교, 구석진 곳 / 낮

아영과 지영이 숨어서 담배를 피운다. 계영은 연신 손부채질을 하며
기다리고 서 있다. 재희 쪽을 쳐다보며

아영	쟨 누구랑 같은 조야?
계영	뭔 상관이야. 어차피 A+인데. 개인 교습!
지영	근데 올리비에랑 진짜 그런 거야?
계영	과제 대신 해주는 컴공과 호구는 또 따로 있다던데?
지영	담배도 편하게 피고, 인생 편하게 사네.
아영	근데 쟤... 어제도 저 옷 입지 않았어?

#10. 이태원, 라운지바 / 밤

학교에서와는 다르게 클럽룩을 차려입은 흥수가 들어온다.
바텐더(여, 20대)와 눈인사를 나누는 흥수. 가게 안을 둘러보다가...
혼자 술을 마시던 여자 손님과 시선이 맞닿는다.

CUT TO.

바짝 붙어 앉아 데킬라를 마시는 두 사람.

여자	(인상 쓰며) 아... 대학 다닐 땐 엄청 마셨는데, 이젠 못 마시겠어.
	다음 날 머리 너무 아프지 않아?
흥수	그건 데킬라 탓이 아니지.
여자	...?
흥수	돈은 없고 소주 먹긴 싫은데 분위기는 잡고 싶고, 만만한 게 데킬라. 저녁 사 먹을 돈으로 이거 한 병 사서 빈속에 부어대면 당연히 다음 날 지옥이 펼쳐지지. 데킬라는 죄가 없어. 내일이 없는 것처럼 마셔댄 그때의 네 잘못이지. 백 퍼.
여자	(미소) 몇 살이야?
흥수	(여자의 나이를 가늠하며) 스물... 일곱.
여자	나보다 어리네. 이름이 뭐야?
흥수	민.
여자	여자친구 있어?
흥수	... (슬쩍 휴대폰 보며) 없어.
여자	(바텐더에게 신용카드 내밀며) 괜찮은 위스키바 아는데. 나갈래?

그때 흥수의 휴대폰 벨이 울린다. 저장되지 않은 번호.

#11. 이태원, 호텔 뒷골목 / 밤

기둥 뒤 어둠 속으로 상대를 밀어 넣는 흥수. 거칠게 키스를 퍼부으며 점점 무아지경에 빠져드는데... 누군가 흥수의 등을 후려친다!
키스를 멈추고 욱해서 돌아보는 흥수. 손에 담배를 든 재희가 서 있다.

| 재희 | 아예 먹어라, 먹어! |

놀란 흥수를 보고 숨넘어가게 웃는 재희. 갑자기 꾸벅 인사를 한다.
흥수와 키스하던... 남자... 올리비에다. 사색이 되어 달아나는 올리비에.
멍하니 그 모습을 바라보는 두 사람. 흥수가 피식 피식 웃는다.
재희도 어이가 없는 듯 따라 웃는다.

> **재희**   야, 술이나 먹으러 가자.
> **흥수**   여자랑은 술 안 마셔. (웃음기를 거두고 돌아서는데)
> **재희**   그럼 나랑 팀플이나 같이 할래?
> **흥수**   왜? 내 약점이라도 잡은 거 같아?
> **재희**   어?
> **흥수**   호구는 취미 없으니까 딴 데 가서 알아봐.

재희를 뒤로하고 돌아서는 흥수. 점점 일그러지는 얼굴.

#12. 흥수의 집, 방 / 새벽

어두운 방, 침대에 앉아 저장되지 않은 번호(올리비에)로 문자를 보내는
흥수. 「adieu.」 수신차단.
인터넷에 '아웃팅'을 쳐보는데, 밖에서 현관문 소리가 들린다.
재빨리 벽을 향해 눕는 흥수. 방문을 열고 명숙(엄마, 40대 후반)이 들어온다.
새벽 예배를 다녀온 듯 성경책을 들고 있는 명숙. 무릎을 꿇고 앉아 흥수의
등에 손을 얹더니 기도를 하기 시작한다.

> **명숙**   아버지... 감사드립니다. 아버지... 세상의 유혹에 빠져
>   허우적대는 영혼을 굽어살펴 주시옵고... 구원의 역사를
>   이루어 주시옵소서, 아버지...

자는 척, 주문 같은 명숙의 기도를 듣는 흥수.

#13. 다음 날, 동일 / 오전

카톡! 소리에 번쩍 눈을 뜨는 흥수. [불어불문과 고추밭] 단톡방이다.
떨리는 손으로 확인하면... 해구가 얼굴이 나오지 않은 여성의 알몸 가슴
사진을 올렸다.

> **종구**   어젯밤 익게에 올라옴 삭제되기 직전 캡처!
>
> **상구**   나이스 캡처!
>
> **해구**   ㅎㄷㄷ
>
> **철구**   대박

안도하는 흥수. 짜증스럽게 이불을 걷어찬다.
컴퓨터 앞에 앉아 '곱게 죽는 방법, 안 아프게 자살하기' 등을 검색하는 흥수.
머리에 검은 비닐봉지를 뒤집어쓴 흥수. 호흡이 가빠질수록 점점 달라붙는
비닐. 결국 봉지를 찢어버리고 거친 숨을 내뱉는다. 이 와중에 배에서 꼬르륵
소리 들린다.

#14. 흥수의 집, 거실 / 낮

가스레인지 위 냄비 뚜껑을 열어보면 콩나물북엇국이 들어있다.
어슬렁거리며 거실로 가는 흥수. 거실장 위에 엄마와 둘이 찍은 흥수의
초등학교 졸업 사진이 놓여있다.
'한명숙'이란 이름이 적힌 보험왕 상패가 여럿 보인다. 상을 펴고 앉아
성경 필사 중인 명숙. 흥수가 소파에 누워 TV를 켠다.

> **흥수**   엄마.
>
> **명숙**   ... (마뜩잖은 얼굴로 볼륨을 줄이는)
>
> **흥수**   돈 좀 있어?
>
> **명숙**   왜?
>
> **흥수**   나 미국 가서 살아야 될 거 같애.

명숙	왜?
홍수	그냥. 여기선 살기 힘들 거 같아서.
명숙	그럼 영문과를 갔어야지.
홍수	그럼 프랑스 갈게.
명숙	군대나 가라.

#15. 학교, 강의실 / 낮

분위기를 살피며 강의실로 들어오는 홍수. 아무도 자신에게 관심을 보이지 않는 걸 확인하고 조용히 뒷자리에 앉는데 그 앞에 모여서 떠들고 있는 철구 무리.

철구	진짜로? 네가 봤어?
상구	1.2, 1.5! 두 눈으로 똑똑히 봤다고!
종구	뭐야... 그럼 올리비에가 게이라고?

놀란 홍수가 쳐다본다.

상구	호텔로 들어갔다니까? 것도 남자랑 둘이? 것도 이태원에서!
해구	아, 뭐야... 더러워.
철구	머리 짧은 여자 아니고?
상구	아니라고! 키는 (손짓하며) 이만하고, 호리호리해서, 얼굴은...

순간 종구와 눈 마주치는 홍수. 황급히 시선을 피하는데...

상구	(긴가민가) 갸름하고... 쌍꺼풀 없는... 저 얼굴인데?

종구의 손가락이 흥수를 가리키려는 찰나! 흥수의 어깨를 잡는 재희.
말보로 라이터를 내밀며

> **재희**　어제 내가 가져왔더라. 속 괜찮냐?
> **흥수**　(얼떨결에 라이터 받고) ...
> **재희**　어제 너 진짜 웃기더라. 나 자다가도 빵 터졌잖아,
> 　　　　너 때문에. (환하게 웃으며 복화술) 우서... 우스라그....

흥수가 어색하게 하하하.. 웃는다. 얼떨떨한 표정으로 바라보는 철구 무리.
교수가 들어오고, 각자 자리로 돌아간다. 상심한 철구를 위로해 주는 해구.
흥수, 앞자리로 달려가서 앉는 재희를 멍하니 바라본다.

#16. 이태원, 게이클럽 / 밤

남자들이 가득한 클럽 안. 그 틈에서 미친 듯 몸을 흔드는 흥수.
지친 얼굴로 바에 와서 맥주를 마시는데

> **바텐더**　왜 그래?
> **흥수**　뭐가?
> **바텐더**　화난 사람 같아.
> **흥수**　화난 거 아닌데. (중얼) 쪽팔린 거지.

흥수가 말보로 라이터로 담배에 불을 붙인다.

> **바텐더**　라이터 예쁘다. 어디서 샀어?
> **흥수**　내 꺼 아냐.
> **바텐더**　그래? 그럼 나 주라. 데킬라 쏠게, 더블로.

가득 채운 데킬라 잔을 내미는 바텐더. 흥수 미련 없이 라이터를 넘겨주고

데킬라를 비운다. 춤추는 사람들을 헤치고 나가려는데, 연신 카톡이 울린다. 확인하면

종구	그 가슴 ㄱㅈㅎ래
해구	ㄹㅇ?
철구	ㄱㅈㅎ 맞음 역시 나랑은 안 맞아
해구	니가 그걸 어떻게 알아?
철구	가슴에 점 크기랑 좌표가 정확히 일치함
상구	인정 빼박 ㄱㅈㅎ
해구	자몽은 될 줄 알았는데 키위네
종구	A
철구	B
해구	에이... 귤만 한데?
상구	75B 망고는 됨

흥수, 우두커니 카톡창을 보다가 [ㅈㅈㅁㅎㄱㄷㅇㅈㄹㅎㄴ]를 입력하고 단톡방을 나온다. 바텐더에게 되돌아가 만 원짜리 한 장을 내민 뒤, 라이터를 가지고 나가는 흥수.

[장흥수님이 나갔습니다.]

철구	?
상구	??
종구	???
철구	장흥수가 누구야?

#17. 학교, 강의실 / 아침
조용히 시험 준비 중인 학생들. 말보로 라이터를 만지작거리며 멍하니 있는

흥수. 문득 시선이 느껴져 옆을 보면...

철구   야.

흥수   (뜨끔) 왜? 뭐?

철구   너 장흥수가 누군지 아냐?

흥수   ... 아니.

책상 위에 'ㅈㅈㅁㅎㄱㄷㅇㅈㄹㅎㄴ'를 적어놓고 고뇌에 빠진 철구.

철구   (중얼) 자..지..만..홍..길..동..이..자..랑..하..네?

갸우뚱하는 철구. 조교가 시험지를 들고 들어온다.

조교   휴대폰 다 꺼주세요. 정시에 바로 시작하겠습니다.

"야, 걔 안 왔다?" "쪽팔려서 오겠냐?" "진짜 가슴녀 걔 맞나 봐." 등의
소곤거림 들린다. 흥수, 라이터를 보며 마음 무거워진다.

INSERT > 강의실 앞 복도
강의실을 향해 빠르게 걸어가는 재희의 뒷모습.
문자 알림음에 휴대폰을 확인하면... 누군가 익명으로 보낸 메시지.
고추밭 단톡방에서 캡처한 가슴 사진과 함께
[이거 너라며? 걸레]

다시 강의실. 조용히 시험을 치르는 학생들. 문이 벌컥 열리고 모자를
눌러쓴 재희가 들어온다. 자다 나온 차림새에 팔목에는 미처 떼버리지 못한
클럽 팔찌들. 시선에 아랑곳하지 않고 시험지를 들고 맨 앞자리에 앉는 재희.
흥수, 마음이 놓인 듯 시험을 보기 시작한다.

잠시 후, 답안지를 제출하고 나가려는 재희. 누군가 휘파람을 분다. 여기저기
키득대는 소리 들린다.

　　　　　　조교　　조용!

그런데 재희가 다시 문을 닫더니 교단 앞에 선다. 모두 왜 저래? 하고
쳐다보면... 갑자기 티셔츠를 들어 올리는 재희!

　　　　　　재희　　딱 봐. 점 없고, 꽉 찬 C!

순간 여기저기 볼펜이 떨어지고, 재희의 시선을 피해 황급히 눈을 내리까는
남학생들.

　　　　　　재희　　발...

재희가 문을 쾅! 닫고 나가버린다. 강의실에 무거운 침묵이 흐른다. 풉!
혼자 웃음이 터지는 흥수. 입술을 꾹 깨물어보지만 자꾸 새어 나오는 웃음.

#18. 인문대 앞 / 아침

덤덤한 얼굴로 걸어 나오는 재희. 허리를 훅 숙이더니 참았던 숨을 뱉는다.
덜덜 떨리는 손으로 담배를 꺼내려다 떨어뜨린다. 간신히 주워 물면 이번엔
라이터가 없다. 금방이라도 눈물이 터질 것 같은데...
말보로 라이터로 불을 붙여주는 손. 흥수다.

　　　　　　흥수　　(자신의 담배에도 불을 붙이더니) 술이나 먹으러 가자.

놀란 눈으로 쳐다보던 재희. 눈꼬리를 쓱 닦으며 웃는다.
따라 웃는 흥수. 나란히 담배를 물고 걸어가는 두 사람.

INSERT >

텅 빈 강의실 안, 철구 책상 위에 해독해 놓은 초성.
'쥐 좆 만 한 것 들 이 지 랄 하 네'

> **홍수(소리)**　훗날 불어불문학과의 전설이 된 '구재희의 난' 이후
> 재희의 별명은 ㄱㅈㅎ에서 미친년으로 진화했다.

#19. 몽타주

— 지하로 이어지는 클럽 계단을 내려가는 재희와 흥수.
　화려한 조명 아래 클럽을 가득 메운 인파가 모습을 드러낸다.
— 클럽 바. 손등의 소금을 핥고, 데킬라를 원샷 한 뒤, 입안에 레몬을
　쥐어짜는 재희와 흥수.
— 춤을 추는 재희에게 다가와 부비부비를 시도하는 남자.
　흥수가 수신호로 외모 상태를 알려준다.
— 흥수에게 춤을 추며 다가오는 섹시한 옷차림의 여자. 흥수의 어깨에 손을
　얹고 유혹하는데 슬금슬금 두 사람 사이로 춤을 추며 끼어드는 재희.
— 클럽 앞. 재희가 다른 클러버에게 돈을 받고 베스파를 판다.
— 클럽 여자 화장실에 길게 줄 서 있는 여자들. 거울 앞에서 메이크업을
　수정하는 재희. 아이라이너로 위생상태 코팅지에 경쾌한 V자를 표기한다.

> **홍수(소리)**　대구에서 태어나 프랑스 파리에서 고교 시절을 보낸
> 재희는 사투리를 잊은 대신 술만 마시면 불어와 샹송을
> 나불댔고, 술이 모자라면 스쿠터를 팔아서라도 마실 만큼
> 성취욕이 높았으며 매일 클럽 화장실 위생 상태를
> 체크할 만큼 성실했다.

#20. 이태원, 소줏집 / 새벽

화려한 차림새의 클러버들이 바글바글한 가게 안. 바짝 졸아든 오뎅탕을 두고
마주 앉아 있는 재희와 흥수. 턱을 괸 채 허공을 보던 재희가 피식 웃는다.

재희   야, 그렇게 까칠한 척하는 건 어서 배웠냐?

흥수   뭐래.

재희   그때 그랬잖아. (흉내 내는) 왜, 내 약점이라도 잡은 거
          같아?

흥수   (픽 웃으며) 내가 언제에?

재희   장흥수.

흥수   ?

재희   네가 너인 게 어떻게 네 약점이 될 수 있어?

흥수 가만히 재희를 응시한다. 슬쩍 미소 띠며 소주를 들이켜는 재희.

#21. 몽타주

— 강의실. 술이 덜 깬 얼굴로 들어오는 흥수. 맨 앞에서 양쪽 귀에
    비닐봉지를 걸고 수업을 듣는 재희가 보인다.
    욱... 오바이트를 참아가며 열심히 필기 중인 재희.
— 게이클럽. 흥수는 입장료 만 원을, 재희는 5만 원을 낸다.
    툴툴거리다 가득한 남자들을 보자 환호하는 재희. 그러나 남자들
    재희에게 관심 없고...
— 흥수가 남자들과 춤을 추며 즐거운 시간을 보내는 동안 이리 치이고
    저리 치이는 재희.
— 화장실을 찾아 구석진 코너로 들어가는 재희. 두 남자가 뜨겁게
    얽혀 키스를 하고 있다. 그들을 방해하지 않으려 최대한 벽에 붙어서
    지나가는 재희. 피식.

흥수(소리)   우리는 태생적 아웃사이더 기질과 유흥 본능으로
              의기투합했고, 가신 건 젊음과 체력뿐이었으며, 마음껏
              썼고 계산하지 않았다.

— 클럽. DJ 부스 앞에서 춤을 추는 재희. DJ와 눈이 마주치자 씽긋.
   잠시 후, DJ 부스 위에서 몸을 날리는 재희와 흥수. 인간 파도타기를 한다.

흥수(소리)   미친년과 게이가 만났다. 바야흐로 애니멀 라이프의
              시작이었다.

#22. 재희의 집, 거실 / 늦은 오후

자막 21

방 두 개와 주방 겸 거실로 이루어진 빌라 내부 보이고...
주방에서 능숙하게 요리 중인 재희. 흥수 누워서 집안을 둘러보다가

흥수   여긴 월세 얼마나 하냐?
재희   글쎄, 전세라 잘 모르겠네. 왜?
흥수   그냥.

재희가 밥상을 가지고 와 내려놓는다. 부스스 일어나는 흥수.

흥수   아... 안 들어갈 거 같은데. 술을 끊든가 해야지.
재희   나도. 술 얘기만 들어도 토할 거 같아. 다신 안 마실 거야.

재희가 냄비 뚜껑을 연다. 라면을 넣은 부대찌개가 보글보글.
찌개를 한 입 먹는 두 사람. 동시에 "크~" 재희는 말없이 잔을 가져오고
흥수는 냉장고에서 소주를 꺼낸다. 냉장고에 붙어있는 10대 시절 파리에서
찍은 재희의 사진들을 보는 흥수.

> **흥수**　파리 사람들은 영화에서처럼 게이여도 별로 신경 안 쓰고
> 그러나?
> **재희**　어디에나 꼴통들은 있어. 밀도가 좀 낮을 뿐이지.
> **흥수**　여긴 밀도가 너무 높아.

시간경과. 해 질 녘

스피커에서 미쓰에이의 'Bad girl Good girl'이 흘러나온다.
밥상 그내로 눈 채, 나란히 마스크팩을 붙이고 누운 두 사람.
재희의 유학시절 사진들을 보고 있는 흥수.

> **흥수**　그럼 혼자 가서 남의 집에 얹혀산 거야? 하숙처럼?
> 부모님이 걱정 많이 하셨겠네.
> **재희**　(피식) 나 거기 있는 동안 우리 엄마 아빠 한 번도 안 왔어.
> **흥수**　4년 동안? 한 번도?
> **재희**　울 엄마 아빠 원래 나한테 별 관심 없어. 워낙 자기 잘난
> 맛에 사는 분들이라.
> **흥수**　(빤히 재희 보며) 와...
> **재희**　왜? 불쌍해?
> **흥수**　아니, 존나 부러워. 나도 엄마가 나한테 관심 좀 끊고
> 전세금만 대주면 좋겠다.
> **재희**　독립하는 조건으로 용돈은 알아서 벌기로 했거든?
> 넌 용돈 받잖아!

그때, 재희의 휴대폰에서 카톡 알림음이 울린다. 확인하고 표정

무거워지는 재희.

> **흥수** 그 디제이? (재희 폰 낚아채서 톡 읽는) 잘 지내?
> 보고 싶다. 지랄... 그냥 큰 놈 만났다고 해.
> **재희** 어떻게 그러냐? 사랑이 덜 끝나서 아픈 사람한테.
> **흥수** 사랑 좋아하시네.

흥수가 대신 카톡을 보낸다. [오빠, 나 돈 좀 빌려줘]
바로 답장이 온다. [얼마나?] [100] 그러자 사라지지 않는 숫자 1.

#23. 홍대 인근 거리 / 낮

> **재희** (여전히 사라지지 않은 숫자 1을 보며) 아놔, 이 쪼잔한
> 새끼...

카페 가판에서 아이스커피를 받아 들고 돌아서는 재희. 어디선가 농구공이
날아와 재희의 머리에 정통으로 맞는다.
"악!" 소리를 내며 커피와 함께 넘어지는 재희. 놀라서 달려오는 남자(준수).

> **준수** (꾸벅) 죄송합니다. 제가 패스를 했는데 친구가 못
> 받았어요.
> **재희** (고개 확 들며) 무슨 농구를 길에서...!

버럭 하려던 재희. 멀끔한 인상의 준수를 보자... 입 다물며 머리를
가다듬는다. 준수도 재희에게서 눈을 떼지 못한다.

> **준수** 제가 커피 사드릴게요.

#24. ZARA 매장 / 낮

비슷한 무채색 톤의 셔츠 두 개를 놓고 고민하며 통화 중인 흥수.
피팅룸에서 옷 잔뜩 쌓아놓고 입어보며 흥수와 통화 중인 재희.

> **흥수** 그 범생이 뭐가 좋냐?
>
> **재희** 범생이라니. 농구 동아리 회장님이거든!
>
> **흥수** (셔츠 하나를 골라 피팅룸으로 들어가며) 그냥 한 번 자고 치워. 연애는 무슨 연애야, 피곤하게.
>
> **재희** 난 연애보다 재밌는 걸 아직 못 찾았는데?
>
> **흥수** 야, 연애는 빨간 옷이야. 넌 한 달에 두세 번 기분 좋은 날만 입는데 남들 보기엔 쟨 맨날 저 옷만 입나 싶은 그런 거. 손해 아니냐? 다들 네가 만나는 남자들 숫자만 세면서 신나게 물고 뜯잖아. 헤어지잔 말도 못 하는 밍충인 걸 모르고.
>
> **재희** 뭐 어때? 네가 알잖아. 난 그런 거 신경 쓸 시간에 할 수 있는 건 다 해 볼 거야. 나중에 못 해봤다고 후회하기 싫어.

보란 듯 빨간색 미니스커트를 입고 나오는 재희. 새 셔츠를 입고 피팅룸에서 나오던 흥수가 재희를 보더니 욱- 구역질을 한다.

> **재희** 야! 아무리 그래도 토 나올 정도는 /
>
> **흥수** (툭툭 가슴 치며) 아니아니, 점심 먹고 난 뒤부터 속이 좀…
>
> **재희** 너 셔츠 산다며, 안 입어봐?

흥수 멀뚱한 표정으로 방금 갈아입은 셔츠 내려다보면,
재희 고개를 절레절레 흔들며 옆에 걸린 분홍색 셔츠를 꺼낸다.

> **재희** 그거 너 어제 입은 거랑 완전 똑같거든? 이거 입어봐.

흥수	됐어. 난 이런 색 안 어울려.
재희	입어보지도 않고 어떻게 알아?
흥수	딱 봐서 아닌 걸 꼭 입어볼 필요가 있어?
재희	생각 그만! JUST DO IT! 답답아...

재희, 흥수를 바짝 잡아당기더니 목까지 채운 셔츠 단추를 풀어준다.

재희	하긴... 넌 연애하기 힘들겠다.
흥수	어째서?
재희	게이도 얼마 없는데 그중에 괜찮은 게이는 더 없을 거 아냐?
흥수	(피식) 성소수자가 정말 소수라고 생각하는 건 자신이 다수라고 믿는 사람들의 착각이지.

#25. 종로, 술집 / 저녁

60여 명의 남자들이 시끌벅적하게 게임을 하며 술을 마신다.
구석에 앉은 흥수 표정이 좋지 않다. 앞자리 남자가 술을 따라준다.

남자	술 번개 처음이에요?
흥수	아... 아뇨. 속이 좀 안 좋아서.

결국 양해를 구하며 일어나는 흥수. 긴 테이블과 남자들의 무릎 사이로
힘겹게 빠져나가는데...

방장	자! 가위바위보 해서 진 사람이 한 칸씩 오른쪽으로 이동해서 대화 나누기, 오케이? 일단 두 명씩 짝지어주세요.

순간 누군가의 무릎에 털썩 주저앉는 흥수. 근육질 체형의 무릎 주인이
흥수를 향해 강렬한 눈빛을 쏜다.

> **무릎**　안녕, 귀요미!
>
> **흥수**　...!!
>
> **무릎**　진 사람이 오늘 헤븐으로 에스코트 해주기.

윙크를 찡긋. 순간 욱! 하고 고개를 돌리는 흥수. 옆에 앉은 남자(수호)의
신발에 토하고 만다. 경악하는 남자들.

> **흥수**　죄송해요! 어떡하죠?

딤딤한 얼굴로 냅킨을 건네는 수호.

> **수호**　괜찮아요. 어차피 맘에 안 들어서 버리려고 했어요.
>
> **흥수**　... 구찌를요?

#26. 호텔, 엘리베이터 안 / 밤

어색하게 서 있는 흥수와 수호. 수호가 슬며시 흥수의 손을 잡는데,
엘리베이터 문이 열리고 오피스룩의 남녀(30대)가 탄다. 얼른 손 놓고서
물러서는 두 사람. 그런 흥수와 수호를 훑어보며 속닥거리는 커플.

#27. 호텔, 객실 안 / 밤

객실로 들어오자마자 수호를 다그치는 흥수.

> **흥수**　왜 동의도 없이 손을 잡아요?
>
> **수호**　미안해요. 너무 좋아서... 제가 좋으면 표현이 먼저 나가는

스타일이라.

　　홍수　(한숨) 됐어요. 저도 그런 거에 좀 민감해서 /

수호, 안경을 벗더니 흥수에게 돌진해 키스한다.

시간경과.

혼자 침대에 멍하니 누운 흥수. 상기된 얼굴로 어이없는 웃음.
욕실에서 샤워소리가 멈추자 얼른 재희에게 카톡을 보낸다. [콜 미!]

#28. 재희의 집, 호텔객실 교차 / 밤

베란다에서 빨래를 걷는 재희. "어디 갔지?" 빨랫감이 하나 없어졌는지
바닥을 살피는데... 카톡이 울리자 쏜살같이 달려가 휴대폰을 확인한다.
실망한 표정으로 전화 걸면

　　홍수　(받으며) 어.
　　재희　야! 오늘 걔가 집까지 바래다주면서 뭐랬는 줄 알아?
　　홍수　돈 꿔 달래?
　　재희　손잡아도 되냬! 완전 귀엽지! 애가 사랑을 듬뿍 받고
　　　　　자라서 그런지 꼬인 데가 하나도 없다?
　　홍수　(한숨) 오늘 진도 역시 규정 속도 이하였단 얘기네.
　　재희　스윗해! 걔한테서 비누 냄새가 나는데 설레서 토할
　　　　　뻔했어!
　　홍수　난 진짜 토했어.
　　재희　왜?!

그때 욕실에서 나오는 수호. 얼른 말투를 바꾸는 흥수.

　　홍수　적당히 해. 누가 들으면 엄만 줄 알겠어. 알았어.

누나, 지금 갈게.

재희　옆에 누구 있구나?

재희, 씩 웃으며 무심코 베란다 창밖을 보는데 "꺅!" 찢어질 듯 비명을
지른다.
흥수, 놀라서 휴대폰을 뗀다. 덩달아 놀라는 수호.

흥수　누나가 화가 많이 나서. 먼저 가볼게요. 그쪽은...
수호　수호예요. 권수호. 같이 나가요. 데려다줄게요.

서둘러 옷을 입느라 바지 한 쪽에 두 다리를 끼워 넣는 수호. 갈등하는 흥수.
시계를 보면 새벽 5시가 다 되어간다.

흥수　차 어니 있는데요?

#29. 버스 안 / 새벽

맨 뒷좌석에 나란히 앉은 흥수와 수호. 흥수, 수호가 신고 있는 호텔
슬리퍼를 내려다본다.

흥수　신발은 내가 물어줄게요.
수호　됐어요, 괜찮아요.
흥수　아뇨, 꼭 물어줄 거예요.

수호의 손에 들린 휴대폰을 뺏어 드는 흥수. 수호가 손을 뻗어
폰 비밀번호를 눌러준다. 그 바람에 스치는 두 사람의 손길.
슬쩍 긴장하는 흥수. 분명 끌리고 있다. 휴대폰에 자신의 번호를 찍고
발신 버튼을 누른 후 돌려주는데

수호	(대뜸) 전 혀가 팔꿈치에 닿아요.
홍수	(황당) 아... 그러시구나....

#30. 재희의 집, 거실 / 새벽

샤워를 한 홍수가 거울 앞에서 젖은 머리를 턴다. 잔뜩 흥분해 떠드는 재희.

재희	글쎄 저 창문에 누가 딱 붙어 있었다니까? 내 팬티도 하나 없어졌어!
홍수	여기 3층이잖아. 오버 좀 하지 마라.

'그런가?' 싶은 재희. 괜히 홍수의 등짝을 후려친다.

재희	술만 마셨다면서 왜 씻고 지랄?
홍수	토했다니까. 내가 술 끊는다, 진짜!
재희	(킁킁) 아닌데, 어디서 단내가 나는데.. 얘기 좀 해봐. 잘 생겼어? 몇 살이야?
홍수	다시 안 만날 거야.
재희	왜? 별루였어?
홍수	좋았어.
재희	좋았어? 근데 왜 안 만나?
홍수	느낌이 빡 왔는데, 얜 막 사랑부터 하려고 들 거 같애. 부담스러.
재희	그게 왜 문제야? (새 티셔츠를 꺼내주며) 자고 가.
홍수	됐어, 집에 갈 거야.
재희	신데렐라냐? 어차피 내일 1교시잖아. 손만 잡고 잘게.

재희가 방으로 들어가자... 홍수, 거울을 보며 슬그머니 팔꿈치에 혀를 대본다. 안 닿는다. 한껏 혀를 빼고 날름거리는 홍수.

어느새 뒤에서 지켜보고 있는 재희. 고개를 절레절레.

#31. 학교, 강의실 / 오전

커다란 강의실 맨 앞자리에 앉은 재희와 뒤쪽에 앉은 흥수.
교단 위에는 나이 지긋한 노교수(60대)가 서 있다.

> **교수**   팀은 4인 1조로. 친한 사람끼리 뭉치지 말고, 하면서
> 친해지도록 합시다.
> **학생들**   (야유) 아...
> **교수**   참, 나도 카톡 해. 그러니까 한 팀도 빠짐없이 단톡방에
> 나 초대해. 간다.
> **철수**   얼...

교수가 강의실을 나간다. 재희와 눈이 마주치는 철구. 슬그머니 피하며
친구들에게 간다. 주변의 학생들 순식간에 팀을 이뤄 뭉친다. 재희,
신경 쓰지 않고 가방을 챙기는데... 아영 무리가 재희를 보며 소곤거린다.

> **아영**   말해볼까?
> **지영**   (계영 보며) 어때?
> **계영**   근데 쟤 남친 있잖아. 장흥수랑 하지 않겠어?

뒤쪽에선, 옆에 앉은 유나(여, 20)가 수줍게 흥수의 책상을 두드린다.

> **유나**   선배, 우리랑 같이 해요!
> **흥수**   ...그래?

유나와 친구가 싱긋 웃는데

홍수   재희야!

'이리 오라'고 손짓하는 홍수. 당황한 유나, 재희와 눈이 마주치자 어색하게
웃어 보인다. 그 모습 지켜보던 계영, 낭패란 듯

계영   거봐...

#32. 준수의 집 / 오후

고급 아파트 거실. 소파에 앉아 벽에 걸린 거대한 가족사진을 바라보는
재희. 근엄한 표정으로 재희를 내려다보는 준수 가족. 슬그머니 몸을 옆으로
움직이면 시선이 따라오는 것만 같다. 재희가 탁자 위에 'Puppy'라고 적힌
빨간색 시럽 약을 발견한다.

재희   강아지 키워?
준수   (주스를 가져오며) 어? 어...
재희   어디 있어?
준수   부모님이 데려가셨어.

준수가 재희 옆에 앉는다. 한껏 어색한 분위기.

준수   음악 들을래?
재희   그래.
준수   영화 볼까?
재희   그러던지.
준수   아, 플스도 있는데.
재희   음... 나랑 뭐 딴 거 하고 싶은 건 없어?

#33. 준수의 방 / 오후

격렬하게 키스를 하며 들어오는 두 사람. 가지런히 진열돼 있던 상장과
트로피들이 우르르 떨어진다. 재희가 터프하게 침대로 준수를 미는데...
쿵! 소리를 내며 쓰러지는 준수.

> **준수**   윽... 이거 돌침대야.
> **재희**   어떡해! 괜찮아?
> **준수**   아니, 뇌진탕인가 봐. 네가 천사로 보여.

두 사람 다시 키스하려는데
"Puppy~ Sweet heart! Where are you?" 낭랑한 목소리가 들린다.

> **준수**   나 진짜 뇌진탕인가 봐. 환청도 들려.
> **재희**   나도 들려. (따라 하며) 퍼피... 스윗하트...
> **준수**   마미?!
> **재희**   마미? 엄마? 여행 가셨다며?
> **준수**   어, 근데 왜 왔지? 어떡하지?
> **재희**   뭘 어떡해? 인사드려야지.
> **준수**   안 돼! 몰래 여자 데리고 온 거 알면 마미가 실망할 거야.
>   일단 숨어!
> **재희**   뭐?
> **준수**   침대 밑! 얼른! 빨리!

준수가 재희를 침대 밑으로 마구 밀어 넣는다. 얼떨결에 숨는 재희.
벌컥 문이 열리며 준수엄마가 들어온다.

> **준수엄마**   허니! 왜 대답이 없어?
> **준수**   도... 동영상 강의 듣느라. (엉망인 방을 보고) 청소를
>   못 해서... 마미 오기 전에 청소 좀 해놓으려고.

	근데 왜 왔어?
준수엄마	대디가 갑자기 병원에서 호출이 왔잖니. 청소는 마미가 할 테니까 넌 서재 가서 공부하고 있어.
준수	아니야! 내... 내가 할게. 엄마 피곤하잖아.
준수엄마	오구오구 이쁜 내 강아지. 참, 감기약 먹었지? 마미가 내일 우리 퍼피 아파서 학교 못 간다고 교수님한테 전화할 테니까 하루 푹 쉬자. 알았지? 어서 가서 공부해. 마미가 티끌 하나 없이 깨끗하게 청소해 줄게.

준수의 엉덩이를 토닥이며 내보내는 엄마. 침대 밑에서 경악하는 재희. 엄마, 곧장 청소기를 돌린다. 침대 밑으로 쑥쑥 들어오는 청소기를 아슬아슬하게 피하는 재희. 방심한 순간 재희의 쉬폰 치마가 청소기에 빨려 들어간다. 치마를 붙잡고 안간힘을 써보는데...

준수엄마	What the fuck...

청소기에 '강' 버튼을 누르는 순간, '지지직!' 찢겨나가는 치마!

#34. 재희의 집 / 밤

자주색 융드레스를 입은 재희가 들어온다. 한쪽 팔로 벽을 짚은 채 자괴감에 빠지는데... 번호 키 누르는 소리 들리더니, 커다란 냉동 블루베리 봉지를 든 흥수가 들어온다.

흥수	(재희 뒷모습 보고) 어이쿠, 죄송합니다.

도로 나가려는 흥수의 목덜미를 잡는 재희.

데굴데굴 바닥을 구르며 웃는 흥수.

흥수 푸하하하. 아, 쪽팔려! 그래서 걔네 엄마 홈드레스 얻어
입고 왔냐?

재희 네가 그 모자 표정을 봤어야 하는데. 와, 내가 무슨
강간범도 아니고. 걔는! 마미랑 나랑 물에 빠지면
난 본 척도 안 할 거야! 나쁜 새끼!

흥수, 씩씩거리는 재희의 입에 블루베리를 한 움큼 넣어준다.
씹다가 오만상을 찌푸리는 재희.

재희 아오, 시려. 안 시려?

흥수 시려. 그래서 생각이 없어져. 좋지?

흥수의 휴대폰이 울린다. '구찌'에게서 온 메시지.
[잘 지내요? 주말에 시간 어때요?] 흥수, 휴대폰 뒤집어 놓는다.

재희 근데 넌 왜 집으로 안 가고 여기로 왔어?

흥수 ... 변태 새끼 땜에 무섭다며?

재희 (엉덩이 툭툭 치며) 오구오구 우리 퍼피. 야, 근데 내 팬티
진짜 없어진 거 같애. 아무리 찾아도 없어.

흥수 청소기가 먹었나 보지. 치마랑 같이... 꼭꼭꼭.

재희 재밌냐? (정색) 진짜 소름 돋는다니까?

흥수 베란다 잘 찾아봐. 구석 어디에 떨어져 있겠지.

재희 찾아봤어. 바람에 날아갔을 리도 없고.

휴대폰 손전등으로 베란다를 비춰보는 재희. 창문을 활짝 여는데...
실외기 틀에 매달린 깡마른 남자와 딱 마주친다!

재희의 손에서 떨어지는 휴대폰. 그대로 얼어붙은 재희.
"찾았어?" 흥수가 다가오다가 변태를 발견하고 놀라서 "으아악!!!!"
비명 지르고, 그 소리에 놀란 변태가 밑으로 쿵! 떨어진다.

> 재희 ... 죽었어?
> 흥수 모... 몰라... 야, 119! 119 불러, 빨리!
> 재희 112 아니고?
> 흥수 ... 야, 둘 다 불러!

#35. 재희의 집 앞 / 새벽

경찰차와 구급차로 소란스러운 집 앞.
"내 허리! 내 허리!" 비명을 질러대며 구급차에 실려 가는 변태.

> 흥수 아니, 고양이 새끼 구하러 올라갔다는 저 변태 새끼 말을
> 믿어요?
> 경찰 어쩔 수가 없어요. 여기 CCTV가 없어서... 본인이
> 그렇다는데 어쩌겠어요.
> 재희 저 자식 집 뒤져봐요! 거기 내 팬티 있을 거예요!
> 원더브라!
> 경찰 (진지하게) 정확히 팬티입니까, 브라입니까?
> 재희 (답답) 제 팬티 브랜드가 원더브라라고요!!

CUT TO.

멀어지는 경찰차의 뒤꽁무니. 허탈하게 남겨진 두 사람.

> 흥수 와, 진짜였네... 너 괜찮냐?
> 재희 당연하지! 변태 새끼 한 번만 더 와 봐. 자지를 확
> 뽑아버릴 테니까!

말과는 달리 떨리는 재희의 손을 보는 흥수.

> **흥수**　까불지 말고. 혹시 길에서 마주치면 무조건 급소에 선빵
> 날리고 도망쳐. (가리키며) 저기 파출소로 냅다 뛰는 거야.
> 뛰면서 나한테 전화하고. 응?
> **재희**　(끄덕이며) 진짜 짜증 나. 미친 새끼들...
> **흥수**　(걱정) 아까 그 새끼도 이 동네 살 텐데...

순간 나란히 맞은편 빌라를 쳐다보는 두 사람.
뒤돌아 재희의 집을 보더니 다시 서로를 쳐다본다.

#36. 동거 몽타주

— 재희의 집, 흥수의 엄지손가락에 새빨간 립스틱을 바르는 재희.
　A4용지에 갈겨쓴 '룸메이트 계약서'에 지장을 찍는 두 사람.
— 2단 행거로 꽉 찬 옷방에서 행거를 끌어내고, 캐리어를 끌고 들어오는 흥수.

> **흥수(소리)**　얼마 후 나는 생활비만 반씩 부담하기로 하고 재희의
> 집으로 들어갔다.

— 냉장고 냉동칸에 벌크 사이즈 냉동 블루베리를 넣는 재희. 흥수가 그 옆에
　말보로 레드 한 보루를 넣는다.
— 냉동 블루베리를 먹으며 무한도전을 보는 두 사람. 동시에 얼굴을
　찡그리고, 보라색으로 물든 서로의 손과 혀를 보며 낄낄.
— 재희가 샤워가운을 두르고 제모기를 켜는데 고장 났는지 작동이 되지
　않는다. 옆에 놓인 흥수의 면도기를 집어 다리털을 미는 재희.
— 세수를 하고 거울을 보다 문득 재희의 비비크림을 집어 바르는 흥수.
— 자신의 책상에서 번역 알바를 하는 재희. 심심한지 일어나서
　흥수 방으로 간다.

— 방안에 상을 펴고 앉아 소설을 쓰는 흥수. 벌컥! 재희가 들어오자 황급히
　　노트북을 닫는다. "야동 봤어? 좋은 건 같이 좀 보자!" 노트북을 뺏으려는
　　재희와 몸싸움을 벌인다.
— 이태원 거리, 재희를 쫓아오는 남자. / 클럽, 나가려는 흥수를
　　자꾸만 붙잡는 남자. 재희는 '지은이'에게서 걸려 온 전화를, 흥수는
　　'흥자누나'에게 걸려온 전화를 보여준다.

　　　　흥수(소리)　　가끔 질척이는 남자들이 있으면 나는 재희의 룸메이트
　　　　　　　　　　　　'지은이'가 되어주고 재희는 나의 친누나 '흥자'가
　　　　　　　　　　　　되어주는 슬기로운 동거 생활이 시작되었다.

— 늦은 밤, 준수에게서 카톡이 온다. [자니?] 흥수가 대신 답장을 한다.
　　[미안한데... 나 신내림 받아서 이제 남자 못 만나. adieu.]
　　[참, 7월에 물 조심해.]

#37. 대학교, 교정 / 낮

학생들을 가르며 요란하게 달려오는 할리데이비슨.
재희와 흥수 앞에 멈춰 서는 근육질의 남자(타투, 30대). 재희가 할리
뒷좌석에 올라탄다. 타투와 함께 할리를 타고 사라지는 재희를 떨떠름하게
쳐다보는 흥수. 옆에서 똑같은 표정으로 서 있는 철구를 보고 움찔한다.
조용히 흥수의 어깨를 토닥이고 가는 철구.

#38. 구찌 매장 / 낮, 비

매장을 둘러보는 흥수. 수호가 신었던 구찌 스니커즈를 발견한다.
가격표를 확인하는데... 순간 창밖으로 번개와 함께 폭우가 쏟아진다.

#39. 인적 없는 도로 / 낮, 비

강풍을 동반한 폭우로 차 한 대 없는 도로를 질주하는 타투와 재희의
오토바이. 재희의 헬멧을 타고 빗물이 줄줄 흐른다. 참다못해 타투의 어깨를
두드리는데 반응이 없다.
결국 주먹으로 내리치는 재희. 타투가 속도를 줄이며 길가에 오토바이를
세운다. 재희가 내려서 양팔로 X자를 그려 보이면, 해맑게 양팔로
하트를 만들어 보이는 타투.
재희 고개를 절레절레 흔들더니 뒤돌아 걷기 시작한다.

> **타투**　　이건 소나기야! 금방 지나갈 거야! 오빠만 믿어!

타투가 재희를 쫓아가는데 뒤에서 오토바이가 쓰러진다. 그러자...

> **타투**　　안 돼! 레베카!

다시 오토바이를 향해 달려가는 타투. 어이가 없는 재희.
망연한 시선으로 소중하게 '레베카'를 일으켜주는 타투 보다 돌아선다.

#40. 구찌 매장 / 낮, 비

스니커즈를 만지작거리며 고민 중인 흥수.
결국 내려놓고 매장을 나가려는데...휴대폰이 울린다.
통화하는 흥수의 모습 위로,

> **흥수(소리)**　　마미에게 밀렸던 재희는 이번에도 레베카에게 밀렸다.
> 　　　　　　　　이런데도 계속 연애할 거냐는 나의 질문에, 재희는...

INSERT ›

재희 집. 선풍기로 젖은 머리 말리다 말고,

재희   나 진짜, 날 1순위로 생각하는 남자 좀 만나보고 싶어.

#41. 학교, 교정 / 아침

자막 23

흥수, 느린 걸음으로 걸으며 손에 들린 출력물을 눈으로 훑는다.
표지에 〈응모 부문: 소설/장흥수/연락처/이메일〉 등의 문구가 보인다.
뒤에서 테이크아웃 커피 두 잔을 든 유나가 졸졸 따라오고 있다.
유나 용기를 내어 흥수를 부르려는 찰나,

(재희)   야, 흥!

와다다 달려와 흥수의 어깨를 탁 치는 재희. 흥수, 황급히 출력물을 서류봉투
안에 집어넣는다. 그 자리에 멈춰 서서 다정하게 걷는 재희와 흥수를
바라보는 유나. 점점 멀어지고...

재희   뭐야?
흥수   리포트...
재희   나 토익 등록할 건데 너도 같이 하자.
흥수   생활비 대기도 빡세.
재희   이번 달에 내지 마. 나 번역 알바 한 거 돈 받았어.
흥수   어떻게 그러냐? 친구 사이에도 지켜야 할 선이 있는 거야.

그때 학생들 무리가 지나간다. 그중 눈에 띄게 잘생긴 선우와 눈이 마주치는
재희. 슬쩍 눈인사를 하며 지나치는 재희의 얼굴이 발그레해진다.

홍수	볼드모트냐? 남친을 남친이라 부르지 못하게?
재희	섹시하잖아. 비밀연애.
홍수	남자가 자기 이름과 시간을 내주지 않는 것만큼 구린 게 없어. 특히 연애에서! 안 불안하냐?
재희	홍수야, 난 눈치 보고 계산하고 머리 굴리지 않아. 그 시간에 연애를 하지. (홍수 손목의 시계 확인하더니) 야! 수업 3분 남았어, 빨리 뛰어!

홍수 어깨 팍! 치고 뛰어가면, 가만히 그 모습 지켜보고 선 홍수.

홍수	아이씨... 그건 네 수업이겠지.

#42. 편의점 / 밤

편의점 유니폼을 입고 계산대에 서 있는 홍수. 서류봉투 위에 '신인문학상 응모 작품 재중'이라고 적는다. 그때, 계산대에 바나나 우유를 내려놓는 손님. 홍수 바나나 우유 바코드를 찍으며

홍수	이거 원 플러스 원 행사 중이에요.

그러자 기다렸다는 듯 바나나 우유 하나를 홍수 쪽으로 쓱 내미는 남자. 홍수 그제야 고개 들어보면, 수호다.

홍수	어?
수호	아니, 지나가다 보니까 편의점 알바생이 아는 사람이더라고요.
홍수	(피식) 그러게, 이렇게 다 만나네요.
수호	왜 전화 안 받아요?
홍수	... 신발 사면 연락하려고요.

수호　신발은 됐고. 우리 학교 축제에 놀러 올래요?

흥수 잠시 망설이는데

재희　야, 흥! 이것 좀 봐라!

머리에 수건을 두른 채 편의점 문을 벌컥 열고 들어오는 재희.

수호　꼭 와요. 재밌을 거예요.

수호가 나가자, 눈 동그래져 호들갑 떨며 다가오는 재희.

재희　뭐야뭐야? 누구야? 뭔데?
흥수　그냥 손님이야. 넌 또 뭐 땜에 그러는데?
재희　아, 맞다! (휴대폰 화면 내밀며) 친구들이랑 술 먹는다고
　　　　내 전화는 안 받으면서 다른 여자 페북에 좋아요 눌렀다?
　　　　야, 이거 바람 맞지?
흥수　(화면 보지도 않고 매대 정리하며) 좋아요가 어떻게
　　　　바람이야. 좋아요는 그냥 좋아요지. 애니팡 하트 같은 거.
　　　　내가 주면 너도 주는 페북계의 인지상정!
재희　... 그런가?
흥수　사귄다고 소유했다고 착각하지 마. 그거 다 네 불안이고
　　　　집착이야. 넌 나랑 클럽 갈 때 전화 받냐?
　　　　너네 비밀연애라며.
재희　그렇긴 한데....

흥수, 바나나 우유에 빨대를 탁! 꽂아 마시며

흥수　예뻐?

62

재희가 휴대폰을 내민다. 페이스북 화면 속 미모의 여성이 몸매가 드러나는 운동복을 입고 고난이도 필라테스 동작을 하는 사진들이 가득하다.

홍수　　야, 이 새끼 조져!

#43. 홍대 거리 / 낮

인파로 가득한 9번 출구 KFC 앞. 재희와 선우가 싸우고 있다.

선우　　뭐가 미안한데?

재희　　누난 줄 몰랐어요. 안 닮았잖아. 아버지가 다른 줄 누가 알았나...

선우　　무슨 소리야? 친누나라니까?

재희　　성형만 일곱 번 했다며. 그 정도면 의버지 손에서 다시 태어난 거지.

선우　　(버럭) 야!!

옆에서 안 듣는 척 서 있던 사람들 웃음을 참는다.

선우　　넌 내가 지금 뭐 땜에 화가 났는지도 모르지? 네가 날 못 믿고 있잖아. 난 그게 제일 속상하다고!

재희　　나랑 친추도 안 하면서 다른 여자 페북에 좋아요 누르니까 그렇죠.

선우　　그건 우리 사귀는 거 당분간 비밀로 하기로 했으니까 그런 거잖아. 난 괜히 학교에서 너 불편해질까 봐 그런 건데... 그리고...

재희　　......

선우　　정말 몰라? 네가 훨씬 예쁘잖아!

순간 손발이 오그라지는 사람들. 혼자 감동받은 재희. 자꾸만 올라가는 입꼬리.

#44. 놀이터 / 밤

찍찍 슬리퍼를 끌며 걸어오는 흥수. 2인용 미끄럼틀 한쪽에 누워있던 재희,
흥수가 다가오자

> **재희**　장흥수, 나 사랑에 빠진 거 같애.
>
> **흥수**　네, 다음 환자분!
>
> **재희**　(배시시)
>
> **흥수**　그거 다 도파민의 농간이야. (재희 옆에 누우며)
>　　　　어떤 건 사랑이고 어떤 건 아닌지 어떻게 아냐?
>　　　　기준이 뭐야, 대체?
>
> **재희**　솔직히 얼마만큼 좋아해야 사랑인지 나도
>　　　　잘 모르겠거든? 근데... 보고 싶어.
>
> **흥수**　......
>
> **재희**　난 '보고 싶다'는 말이 사랑한단 말보다 더 진짜 같애.
>　　　　사랑은 너무 추상적이고 어려운데, 보고 싶다는
>　　　　참 명확해. 보고 싶어, 그 사람이. 너무 너무...

재희의 얼굴에 행복이 가득하다. 그런 재희를 보다가 미소 짓는 흥수.
나란히 밤하늘을 바라보는 두 사람. 어두운 하늘에 별이 반짝 빛난다.

#45. 학교, 교정 / 낮

축제가 한창인 캠퍼스. 동아리 부스와 푸드 트럭, 물풍선 게임과 공연들로
활기찬 교정. 한껏 꾸민 재희가 통화를 하며 걷는다.

> **(선우)**　졸업한 선배들에 교수님들까지 온대. 다들 긴장해서

난리도 아냐.

재희	바쁘면 가서 일 좀 도와줄까?
(선우)	*일손은 많아. 괜히 너까지 와서 고생하는 거 싫어.*
재희	알았어. 끝나면 전화해.

전화를 끊고 선우의 페북을 보는 재희. 선후배, 동기들과 주점 준비를 하는
선우의 사진들을 보며 뭔가 생각하는 표정.

#46. 수호의 대학교 교정 / 저녁

역시나 축제가 한창인 교정. 두리번거리던 흥수, 인문대 방향을 가리키는
표지판을 본다. 휴대폰 속 수호의 카톡 한 번, 표지판 한 번 보며 걸음을
이어간다.

#47. 학교, 주점 / 저녁

멀티미디어학과 주점. 도넛 등 간식거리를 잔뜩 사 들고 걸어오는 재희.
아영 무리를 비롯한 사람들과 막걸리를 마시는 선우가 보인다.

재희	선우 오빠!
선우	(돌아보면)
재희	(간식봉투 들어 보이며) 일손은 많아도 간식은 모자라죠?

재희를 보자 사색이 된 선우. 옆에 앉아 있던 여자(여진)가 묻는다.

여진	누구야?

그제야 여진 발견하는 재희. 페이스북 속 그 여자다!

재희	어? 선우 오빠 누나 맞으시죠? (꾸벅) 안녕하세요. 처음 봬요!

그런 재희를 갸우뚱 보며 미소 짓는 여진.
재희 역시 해맑게 웃으며 여진 쳐다보는데...

#48. 수호의 대학교 교정 / 저녁

우두커니 서 있는 흥수. 저만치 수호의 동아리 부스가 보인다.
[내가 나일 수 있는 세상, 성소수자인권동아리 〈너나 나나〉]
회원들과 함께 god의 '촛불하나'를 부르고 있는 수호. 밝고 즐거워 보이는
동아리 사람들. 멀찍이서 당황한 얼굴로 바라보는 흥수.

#49. 학교, 주점 / 저녁

재희와 여진, 선우를 둘러싼 사람들. 세 사람을 보며 수군거린다.

재희	누나라며? 친누나라며?
선우	야, 구재희! 내가 언제 /
여진	연애야, 원나잇이야?
선우	그런 거 아니야. 그냥 후배야.
재희	(표정 굳는) 후배?
선우	야, 그럼 네가 후배지 /
재희	너는 그냥 후배랑 섹스하니?
선우	(당황해서) 아니야, 나 얘랑 진짜 그런 사이 /
재희	선배랑 나, 매일 만나고 통화하고 그리고 우리 /
여진	우리?

여진이 픽 웃는다. 순간 말문이 막히는 재희.

여진	고2 때 만나서 군대 포함 8년이에요, 우리.
재희	...!
여진	저 그쪽이랑 물고 뜯을 생각 없어요. 잘못한 건 이 새끼니까. 미안한데 쪽팔려서 먼저 갈게요. (선우 향해) 차에 있을게. 정리하고 와.
선우	좀 잘해준 거 가지고 얘가 오해한 거야. 진짜야, 여진아!

차갑게 뿌리치고 가는 여진. 선우, 여진의 뒷모습 보다가 재희를
홱 돌아본다.

선우	야. 너도 나랑 그냥 즐긴 거잖아.
재희	뭐?
선우	쿨한 척은 혼자 다하더니.. 야, 너 같으면 너 같은 애랑 연애하겠냐?
재희	너 같은 애...? 내가 뭐? 내가 어떤 앤데?

선우가 웃으며 주변을 놀아본다. 재희를 바라보는 남학생들의 눈에
비웃음이 스친다.

재희	돌려 말하지 말고 말해봐! 나 같은 애가 뭔데?
선우	너 강의실에서 가슴 깠잖아. 남자들 다 보는 앞에서!
재희	...!!!
선우	클럽 죽순이에, 매번 남자 갈아치우는 걸로 학교에서 너 모르는 사람이 없는데, 어떤 미친놈이 너 같은 걸레를 진지하게 만나겠냐?

순간 테이블 위에 있던 막걸리 잔을 들어 선우의 얼굴에 끼얹는 재희.

선우	아이씨, 이게 진짜!!

선우도 막걸리 주전자를 들어 재희에게 붓는다. 순식간에 막걸리 세례를 맞고 엉망이 되는 재희. 지켜보던 사람들 선우에게 다가가 수건으로 닦아주는데... 재희 옆에는 아무도 없다.

우두커니 선 재희의 머리에서 막걸리 방울이 뚝뚝 떨어진다.

지그시 입술을 깨무는 재희. 돌아보지 않고 빠른 걸음으로 주점을 벗어난다.

#50. 학교, 화장실 / 저녁

세면대에서 막걸리에 젖은 머리와 얼굴을 닦아내는 재희.

이를 악물며 울지 않으려 애쓴다.

#51. 수호의 대학교 – 재희 학교 교차 / 저녁

흥수가 수호를 보며 망설이고 있는데, 재희에게서 전화가 걸려온다.

    흥수   (통화) 어... 이태원? 갑자기 왜?

젖은 머리의 재희가 건물 안에서 나오며 통화 중이다.

    재희   그냥, 기분 거지 같아서.
    흥수   남친이랑 싸웠냐?
    재희   잔말 말고 튀어 와. 오늘 내가 이태원 찢을 거니까.

그때, 수호가 흥수를 발견한다. 흥수가 어색하게 손을 들어 보이고

    흥수   천천히 마시고 있어. 나 잠깐 누구 좀 만나고 갈게.
    재희   잔말 말고 빨리 튀어 와. 너 올 때까지 마실 거야.
             빨리 와야 돼!

순간, 부스 쪽에서 비명소리가 들린다. 갑자기 들이닥친 남자들이 현수막을 찢고 물건들을 집어 던지며 소동을 벌인다. 흥수 쪽으로 다가오던 수호도 돌아서 다시 부스로 향한다.

> **흥수** 알았어. 금방 갈게. (전화 끊고)

흥수, 핸드폰을 끊고 부스 쪽으로 뛰어간다.

> **남자1** 사람들 없는 데서 하시라구요. 학교에서 이러지 말고!
> **남자2** 니네가 무슨 동아리야? 학교에 인가 받았어?
> **동아리원** 지금 뭐 하는 겁니까? 이럴 권리 없잖아?
> **남자1** 뭔 권리? 니들 권리만 권리야? 우리도 이딴 거 안 보고 살 권리가 있다고!

수호가 앞으로 나선다.

> **수호** 혐오에 권리가 어딨어? 역시 좆밥들은 생각이 짧아요.

그의 낯선 모습에 놀라는 흥수.

> **남자1** 뭐? 좆밥? 하... 미친 똥꼬충 새끼가!

수호와 남자1 누가 먼저랄 것도 없이 서로에게 달려든다.
순식간에 집단 몸싸움이 벌어진다. 끈질기게 상대에게 달려드는 수호.
그의 안경이 떨어져 밟히자 보다 못한 흥수가 뛰어들어 남자를 밀어낸다.

> **흥수** 그만해! 놔두라고, 쫌!
> **남자2** 씨발, 넌 뭐야? 어디서 좆같은 호모 새끼들이 나대?

순간 남자2의 얼굴에 주먹을 날리는 흥수. 곧장 뒤에서 공격이 들어오고 흥수가 쓰러지자 그의 몸 위로 무자비한 발길질이 쏟아진다.

잔뜩 웅크린 채 속수무책으로 당하는 흥수.

바닥에 떨어진 흥수의 휴대폰이 울린다. 액정에 '흥자누나'가 뜬다.

#52. 이태원, 클럽 / 밤

신호대기음을 들으며 혼자 떠드는 재희. 이미 취했다.

> **재희**　사랑한다며! 나밖에 없다며! 난 믿었어... 난 믿었다고!

재희 전화를 끊고 연거푸 술을 마신다. 한 남자가 다가와 재희의 어깨에 손을 올린다.

> **작업남**　저기요, 일행 있어요?
> **재희**　올 거예요. 걔한테는 제가 1순위거든요?
> **작업남**　에?
> **재희**　걔한테는 내가 1순위라고. 올 거라고요. 올 거라고...

입구 쪽 뚫어져라 보는 재희.

#53. 편의점 앞 / 밤

어두운 상가 계단에 앉아 있는 흥수. 수호가 편의점에서 나온다. 편의점 봉투에서 약과 거즈를 꺼내는 수호. 흥수 얼굴의 상처를 닦아주려 하자

> **흥수**　(뿌리치며) 너나 발라요.

흥수, 봉투에서 맥주를 꺼내 벌컥벌컥 마신다.

흥수	왜 거짓말 했어요?
수호	......
흥수	기타 동아리라며.
수호	안 올까봐.
흥수	(조용히 한숨)
수호	같이 하면 좋을 거 같아서. 연합 동아리라 정기 모임도 있고, 이런저런 /
흥수	미친... 그새 잊었어? 게이라고 처맞은 거?
수호	상관없어요. 나는... 살기로 했으니까. 처맞아도 좋으니까.
흥수	(잠시 보다가...) 그쪽이 어떻게 생각하든 내 알 바 아니고, 난 욕먹기도, 처맞기도 싫으니까... 나 엮지 마요.

흥수 냉정하게 말하고 다시 맥주를 마시다가 상처가 아픈 듯 찡그린다.
수호가 냉큼 소독약으로 상처를 닦아준다. 흥수 얼굴 들여다보며

수호	그 배우 닮았어요. 가르마 반듯하고... 해피투게더에도 나오고... 잘생기고 눈빛 촉촉한... 아, 양조위!
흥수	... 안경 맞추고, 뇌 CT도 찍어 봐요. 너 좀 미친 거 같애.
수호	응, 그런 거 같애.

지나가는 자동차 헤드라이트 불빛에 두 사람의 모습이 하얗게 번진다.

#54. 클럽/밤
연신 잔을 비우며 입구 쪽을 바라보는 재희. 휴대폰 보면 흥수가 계속 카톡을
확인하지 않고 있다. 다시 전화를 걸면... 전원이 꺼져 있다는 음성안내가
나온다. 굳은 표정으로 남은 술을 단숨에 비우는 재희. 빈 술병을 확인하는데
작업남이 다가온다.

작업남　아직 안 왔네요? 그쪽이 1순위라는 남자.

작업남이 재희에게 술잔을 건넨다. 흐릿한 눈으로 술잔을 쳐다보는 재희.

#55. 모텔 / 아침

바닥에 아무렇게나 널브러져 있는 가방과 옷가지들.
침대 위로 쏟아지는 햇살에 눈을 뜨는 재희. 옆에 작업남이 잠들어 있다.
화들짝 놀라 몸을 일으키는 재희. 깨질 듯한 두통에 얼굴을 찡그린다.
조용히 침대에서 나와 허겁지겁 옷을 챙겨 입는 재희.

#56. 재희의 집, 옷방 / 아침

어두운 방에서 자고 있는 흥수. 재희가 벌컥 문을 열고 들어온다.

흥수　(이불 뒤집어쓰며) 아이씨, 노크 좀 해.

가만히 흥수를 보는 재희. 상 위에 놓인 연고에 포스트잇이 붙어있다.
'약 꼭 발라요!' 딱 봐도 남자 글씨다.

재희　집에서 자고 있었으면서... 음식물 쓰레기 왜 안 버렸어?
흥수　놔둬. 내일 버릴게.
재희　(버럭) 냄새나잖아!
흥수　아이씨... 왜 자는데 시비야?
재희　네가 버릴 차례인데 안 버렸잖아! 왜 약속을 안 지켜?
흥수　내일 버린다잖아! 너나 화장실에 머리카락 좀 치워!
　　　　쥐새낀 줄 알고 식겁했잖아! 내 면도기로 다리털 좀
　　　　밀지 말랬지, 더럽게!
재희　지는? 너도 몰래 내 비비크림 쓰잖아. 나 똥 못 싸서

72

사놓은 불가리스는 왜 네가 다 처먹는데?
이 쪼잔한 새끼야!

흥수   뭐? 야!

흥수가 벌떡 일어나자 냅다 머리채를 잡는 재희.

재희   왜!
흥수   아! 안 놔? 좋은 말로 할 때 놔라.
재희   나쁜 말로 하면 뭐 어쩔 건데?

그러자 흥수도 재희의 머리채를 잡는다.

재희   나쁜 새끼! 넌 친구보다 남자가 더 중요하지?
흥수   뭔 소리야!
재희   (흥수를 마구 밀며) 온다며? 온다고 했잖아! 온다고
해놓고 안 왔잖아, 네가! 내가 널 얼마나 기다렸는데!
흥수   난 뭐 네 남친이랑 싸울 때마다 출동하는 호구냐?
못 갈 이유가 있으니까 안 갔지! 아이씨, 진짜!
왜 다들 날 못 잡아먹어 안달이야?

흥수가 방문을 쾅! 닫고 나간다. 곧장 다시 들어오더니

흥수   (걱정 가득) 뭐야? 너 무슨 일 있었어?

재희도 그제야 흥수의 상처를 발견한다. 한 손으로 흥수의 양 볼을 턱! 잡으며

재희   씨발, 어떤 새끼가 이랬어!!

#57. 재회의 집, 주방 / 낮

점심 준비를 하는 두 사람. 쌀을 씻어 안치고, 찌개를 끓이는 재희.
흥수가 기름을 뺀 참치에 청양고추를 썰어 넣고 고춧가루로 버무린다.
제대로 한 상을 차려놓고 말없이 밥을 먹는 두 사람.

시간경과.

상을 그대로 둔 채 벽에 기대어 앉은 두 사람.
흥수의 손목 안쪽에 난 오래된 상처를 만지는 재희.

      흥수   고1 때 좋아하던 형이 있었어. 그 형 주려고 처음으로
                 소설을 썼는데...

      재희   맨날 쓰던 게 소설이었어?

      흥수   응, 뭐라도 쓰지 않으면 미칠 것 같았거든. 형이랑
                 내 이름도 나오고, 집 앞에서 첫 키스한 내용까지
                 나오는데... 그걸 엄마가 본 거야.

      재희   근데?

      흥수   아무 말도 안 하더라, 우리 엄마. 마치 아무 일도 없던
                 것처럼. 그리고 바로 다음 날부터 교회에 열심히 다니기
                 시작했지. 엄마가 새벽에 내 방 들어와서 기도할 때마다
                 미치겠는데... 그거라도 안 하면 엄마가 미칠까 봐
                 그냥 있었어.

      재희   죽고 싶었어?

      흥수   아니. 살기 싫었어.

재희가 흥수의 무릎을 베고 눕는다.

      재희   중학교 때 미술 숙제로 우유갑을 그려오라고 한 적이
                 있거든? 30명 중에 딱 한 명만 찌그러진 우유갑을
                 그린 거야. 선생님이 이십 년 동안 똑같은 숙제를

냈는데, 찌그러진 우유갑을 그린 앤 처음이라면서
엄청 칭찬했어.

흥수 선생이 멋있네.

재희 어, 미술 선생님 멋있었어. 그 그림을 교실 뒤에다
붙여놓고 볼 때마다 칭찬하고 그랬거든.

흥수 그걸 그린 애는 화가가 됐을까?

재희 아니, 왕따가 됐어. 걔 사물함엔 늘 썩은 우유가 가득했지.
결국 자퇴까지 하더라.

흥수 ......

재희 원래 그래. 사람들은 자기랑 다르면 그걸 열등하다고
생각해야 맘이 편하거든. 그거야말로 열등감인 줄은
모르고... 좆같애...

흥수 응... 다 좆같애.

#58. 다음 날, 재희의 집 / 아침

머리가 깨질 듯한 숙취를 느끼며 화장실로 가는 흥수.
세수를 하려다 뭔가 이상한 듯 눈을 질끈 감았다 뜬다.
왼쪽 손목 상처 위에 선명하게 새겨진 문신. JH.
황급히 방으로 뛰어가던 흥수가 멈춰 선다.
현관문에 머리를 박고 다소곳이 앉아 있는 재희의 뒷모습.

흥수 야, 너... 거기서 뭐 해?

흥수가 다가가 재희를 붙잡고 흔든다. 재희의 손목에도 똑같은 문신이 있다.

흥수 야, 정신 차려! 좀 일어나봐!

재희 우욱... 흔들지 마, 토할 거 같애...

흥수 이거 뭐야? 이 문신 뭐냐고?

재희   기억 안 나? 어제...

#59. 어젯밤, 타투샵 / 저녁

잔뜩 취한 재희와 흥수가 어깨동무를 하고 들어온다. 두 사람 이마를 맞대고

재희   장흥수! 넌 내 가족이고, 형제야.
       누가 뭐래도 난 네 편이야. 알았어?

흥수   오케이, 브라더! 네가 가면 나도 간다!

타투   재희야... (눈물 글썽) 내 전화 씹더니...
       (흥수 보며) 넌 뭐냐?

재희   오빠! 인사해, 내 친구! 세상에서 나랑 제일 친한 새끼!

잠시 후, 나란히 타투 의자에 앉은 두 사람. 잔뜩 긴장한 흥수에게
데킬라병을 건네는 재희. 흥수 벌컥벌컥 마시더니 결연하게 고개를
끄덕인다. 손목 상처 위에 문신을 새기는 타투. 흥수 떠나가라 비명을
질러댄다.

#60. 재희의 집 / 아침

어젯밤의 기억이 살아난 흥수. 재희를 마구 흔들며,

흥수   야, 씨! 너는 구재희니까 그렇다 쳐! 난 장흥수인데
       왜 JH인 건데! 그 새끼 이니셜 새길 줄 모르지?
       야, 일어나 빨리!

재희   흔들지 좀 마아...

흥수   일어나, 얼른! S 마저 새기러 가야지!

재희   안 돼. 한 번만 더 눈에 띄면 너 죽인댔어.

흥수   뭐? 왜?

재희   S 쓰기 전에 네가 지은인 거 실토했잖아, 네 입으로. 문자
       대신 보낸 것까지. 가지 마라, 손목에 구멍 뚫리기 싫으면.

망연자실한 얼굴로 주저앉는 흥수. 새빨갛게 부풀어 오른 손목을 쳐다본다.

INSERT > 흥수 방

병색이 완연한 얼굴로 누워 있는 흥수. 재희가 정성껏 타이레놀과 물을
먹여준다.

흥수(소리)   그 후 음주 문신의 후유증으로 끔찍한 염증과 몸살에
             시달린 나는... S를 포기해야만 했다.

#61. 흥수의 집, 거실 / 낮

한쪽에 꺼내놓은 아버지의 영정사진. 마주 앉아 만두를 빚는 명숙과 흥수.
커다란 쟁반 위에 가득 빚어놓은 만두들.

흥수   엄마. 남은 인생 만두만 먹을 셈이야?
명숙   네 아빠가 만두 좋아했잖아.
흥수   엄만 아직도 아빠 생각이 나?
명숙   그럼, 너 볼 때마다 생각나지. 네 아빠도 사람 속 뒤집는
       데 선수였잖아. 오죽하면 별명이 방화동 뒤집개였겠어.
흥수   (입술 꽉) ... 엄마, 뭐 필요한 거 없어?
명숙   왜?
흥수   그냥 필요한 거 있나 해서.
명숙   네 공부나 신경 써. 큰집 종태는 공무원 필기 합격해서
       이번에 면접 본다더라. 1차 경쟁률이 76대 1이었대.
흥수   걔 미대 나왔잖아? 대학은 뭐 하러 갔대? 등록금만
       아깝게.

명숙	생각 잘한 거지. 요즘 세상에 그림 그려서 밥벌이가 돼?
흥수	면접에서 반은 떨어져. 그리고 요즘 공무원들도 눈칫밥 엄청 먹는대.
명숙	(흥수의 속 터진 만두를 보고) 흥수야. 군대나 가라. 요즘 군대밥 맛있대.

그때, 흥수의 휴대폰이 울린다. 받으면... 착 가라앉은 재희의 목소리.

(재희) 흥수야...

#62. 재희의 집 / 낮

락앤락 통에 만두와 잡채, 불고기, 나물 등이 푸짐히 들어있다. 마주 앉은 채 뚫어져라 방바닥을 쳐다보고 있는 재희와 흥수. 빨간색 줄 두 개가 선명한 임신테스트기가 놓여있다.

흥수	너 진짜... 한 번에 하나씩만 하면 안 되냐?
재희	나 망한 거 맞지?
흥수	콘돔 끼면 느낌 안 온다 어쩐다 하는 거 다 개소리라고 했지? 두꺼워 봐야 소수점 두 자리야. 그거 끼고 못 느끼면 그 새끼가 실좆인 거지!
재희	나... 사실 아무것도 기억이 안 나.
흥수	아예?

재희 잔뜩 풀이 죽은 채 깊은 한숨을 내쉰다. 흥수 그 모습 보다가 벌떡 일어선다.

흥수	일어나. 병원 가자.
재희	......

홍수   뭐해?

흥수가 팔을 붙잡아 일으키려는데 재희가 뿌리친다. 복잡한 얼굴.

재희   잠깐만... (잠시) 수술비 많이 들겠지? 나 알바비도
          안 들어와서 /

홍수   가방 챙겨. 나 돈 있어.

재희   네가 무슨 돈이 있어?

홍수   있어. 쪼그마한 공모전 하나 된 거 있어.

재희   진짜? 소설로? 야, 축하해! 왜 말 안 했어?

홍수   그냥 끄적거리던 거 낸 거야. 상금도 얼마 안 돼.

재희   야... 그걸 내가 어떻게 쓰냐?

홍수   그날 내가 안 갔잖아.

재희   ... 그게 왜 너 때문이야.

홍수   됐어, 얼른 준비해.

재희   너 오늘 약속 있다며?

홍수   지금 그게 중요하냐? 가자. 내가 보호자 할게.

재희   ......

홍수   얼른!

#63. 산부인과, 대기실 / 낮

어색해하는 흥수와 긴장한 나머지 꼿꼿이 앉아 있는 재희.

간호사   구재희 씨, 들어오세요.

#64. 산부인과, 진료실 / 낮

고무줄 치마로 갈아입은 재희가 진료의자에 앉는다. 다리를 벌리고 앉자

훌렁 치마를 걷어버리는 간호사. 희끗희끗한 머리의 여자 의사가 재희 앞에 앉는다.

> **의사** 자, 힘 빼세요.

긴장한 표정이 역력한 재희. 질 초음파가 시작되자 눈을 질끈 감는다.
잠시 후, 책상 앞에 앉는 재희. 의사 모니터에 시선 고정한 채

> **의사** 6주 됐네요.

#65. 산부인과, 대기실 / 낮

흥수, 수호에게 카톡을 보낸다. [오늘 못 만날 거 같아. 미안.]
망설이다 전송 버튼을 누르는데... 진료실 안에서 고성이 들린다.
간호사가 문을 열고 나온다. 흥수에게 들어오라는 듯 고개를 까딱.

#66. 산부인과, 진료실 / 낮

흥수가 빠끔히 들어온다. 서로를 잡아먹을 듯 노려보며 서 있는 재희와 의사.
의사가 재희의 얼굴 앞에 초음파 사진을 흔든다.

> **의사** 이게 학생 삶의 결과야. 알겠어?
> **재희** 그래서 결과에 책임지겠다잖아요.
> 해줄 건지 말 건지나 얘기해주세요.
> **의사** 이게 책임이야? 무책임이지! (흥수 가리키며)
> 쟤는 학생이랑 헤어져도 딴 여자 만나 잘 먹고 잘 살걸?
> 근데 학생은 아니. 그렇게 생각 없이 방종하게 살다간
> 몸 망치고 인생 망친다고!

재희가 주먹을 꽉 쥔다. 흥수, 누굴 말려야 될지 모르겠는데

> **재희** 저 같은 애도 있어야 선생님이 먹고살죠.
>
> **의사** 뭐? 하! 학생 배 속에 생명이 자라고 있다고. 여자의 몸은 신성한 성전이라는 걸 왜 몰라, 이 사람아!
>
> **재희** 진짜 못 들어주겠네, 씨발!

재희가 벌떡 일어나더니 책상 위에 놓인 자궁 모형을 움켜쥔다. 의사와 흥수 움찔!

> **흥수** 재희야!

그런데... 냅다 모형을 들고 뛰쳐나가는 재희.

> **의사** 뭐...뭐야? 야, 그거 안 내놔! (흥수를 향해) 뭐해? 아 쫓아가고!
>
> **흥수(소리)** 재희는 중학생 때까지 단거리 육상 선수였다.

#67. 거리 / 낮

병원 건물 안에서 뛰어나오는 흥수. 두리번거리며 재희를 찾는데, 골목 안에서 자궁 모형을 옆구리에 낀 채 서 있는 재희의 뒷모습이 보인다. 다가가는 흥수. 깊은 한숨 뱉으며

> **흥수** 꼰대들 하는 말이 다 뻔하지, 뭐. 줘, 내가 돌려주고 올게.

흥수가 모형을 가져가려 하자 붙잡고 놓지 않는 재희.

> **흥수** 줘. 그냥 다른 병원 가게. 야, 놓으라고 쫌... 왜 이래!

등을 돌린 채 기를 쓰고 버티던 재희가 모형을 끌어안고 주저앉아버린다.
울고 있다.

> **재희** 내가 그렇게 뻔해?
>
> **흥수** 야... 구재희....
>
> **재희** 채선우가 나 같은 여잘 어떻게 진지하게 만나냐 그랬어.
> 저 의사도 이게 내 삶의 결과래. 정말 그래? 나 같은
> 여자는 뻔해? 그래서 헤픈 년이라고, 걸레라고 다 들리게
> 욕해도 괜찮은 거야? 뻔하니까, 막 대해도 상처
> 안 받을 거 같은 거야? 왜? 왜 지들 멋대로 생각하고
> 맘대로 욕하고! 다들 어떻게 그렇게 쉬워?
> 다들 왜들 그렇게 쉽게 단정하는데! 정작 나는 날!
> 나도 날 잘 모르겠는데... 어떻게들 그래!

비명을 지르듯 소리치는 재희. 가만히 바라보는 흥수.

> **흥수** ... 안아줘도 돼?

재희가 그렁그렁한 눈으로 쳐다본다. 흥수가 다가와 꼭 안아주자 결국
울음이 터져버린다.

> **재희** 나도 무섭다고... 무서워... 나 너무 무서워... 어떡해,
> 흥수야...

번잡한 도시... 구석진 골목 안에서 꼭 부둥켜안은 두 사람.

#68. 다음 날, 재희의 집 / 저녁

잔뜩 웅크린 채 누워 있는 재희. 부스스 눈을 뜨면... 열린 방문 너머로 싱크대

앞에 서서 난감해하는 흥수가 보인다. 엄청나게 불어난 미역줄기를 들어
올리는 흥수. 재희와 눈이 마주치자

        흥수   (배시시) 나 등신 같지?

재희가 말없이 돌아눕는다. 걱정스러운 듯 보던 흥수. 가위로 열심히
미역을 자른다. 보글보글 끓는 미역국의 간을 보는 흥수. 찬장에서 신라면을
꺼내려다 순한맛 너구리로 바꾼다. 수프를 뜯어 슬쩍 뿌리는 흥수.

CUT TO. 밤

상 위에 미역국과 하얀 쌀밥이 정갈하게 놓여있다. 재희가 국을 뜨면 숟가락
위에 너구리 얼굴 모양의 플레이크가 떠있다. 한 입 먹고 숟가락을 내려놓는
재희. 흥수가 얼른 밥을 말아 크게 한 술 내민다.

        흥수   이거 한 입만 더 먹자, 응?

재희가 고개를 저으며 매트리스에 눕는다. 어쩔 수 없이 남은 미역국을
꾸역꾸역 먹는 흥수, 욱해서

        흥수   야, 남자 밝히는 게 뭐 어때서? 여자 밝히면 레즈라고
                지랄할 거면서! 넌 네가 원하는 남자 실컷 만날 수 있어!
                싱글이니까! 그리고 남들이 이해 못하면 뭐 어때?
                내가 있잖아! 모든 여성들의 로망! 스윗하고 핸섬한
                게이 남사친!
        재희   흥수야.
        흥수   어, 그래!
        재희   불 좀 꺼줘.

맥이 빠지는 흥수. 다시 웅크리고 누운 재희의 뒷모습 바라보다 불을 끈다.

상을 들고 조심스럽게 문을 닫고 나간다.

어둠에 잠긴 방. 혼자 남은 재희의 머리맡에 자궁 모형이 놓여있다.

부엌. 흥수가 개수대에 설거지감을 넣는다. 수돗물을 틀다가 재희방을 힐끗
본 후 조심스럽게 물소리를 줄인다. 심란한 표정으로 조용히 설거지를
하는데, 창밖에서 들려오는 목소리... 점점 더 선명해진다.

> **(수호)**   나와! 씨발 새끼야! 민! 장민! 너 나오라고!

화들짝 놀라는 흥수. 황급히 고무장갑을 벗어 던지고 우당탕탕 밖으로 나간다.

#69. 집 앞 / 밤

술에 취한 수호가 비틀거리며 소리를 지른다.

> **수호**   장민 호모 새끼 나오라고, 씨발!
> **흥수**   술 마셨냐?

등 뒤에 서 있는 흥수를 보고 움찔하는 수호. 다짜고짜 흥수의 따귀를 때린다.

> **흥수**   다 했어?
> **수호**   아니! 아직 너한테 해 줄 욕이 천이백 개는 더 있는데?
> (흥수의 멱살을 잡으며) 야, 네가 그렇게 잘났냐?
> 그래서 내 진심을 막 짓밟냐? 톡 하나 틱 보내면 다야?
> 나 너희 가족들한테 다 말할 거야! 너 게이인 거!
> 너 그렇게 살다간 외로워 죽어, 알어?
> **흥수**   그래, 내 생각에도 난 그렇게 죽을 거 같아.
> 그러니까 넌 좋은 놈 만나서 행복해라.

순간 수호의 눈에 눈물이 핑 돈다. 흥수의 가슴에 무너지듯 기대며

> **수호**   졸라 지밖에 모르는 이기적인 새끼! 맨날 지 맘대로
> 이랬다저랬다, 나는... 너 보고 싶었단 말야.
>
> **흥수**   ......
>
> **(재희)**   흥수야!

잠옷 차림으로 나온 재희가 쪼그려 앉아 담배를 문다.

> **재희**   벌써 끝났어? 더 해.
>
> **흥수**   (재희 입에서 담배 뺏으며) 뭐 하러 나왔어? 들어가.
>
> **수호**   (충격) 흥수...? 자기 민, 아니에요? 자기 흥수예요?
> 장흥수? (뺨 툭 때리며) 이름까지 속였냐?

흥수를 밀치고 재희 앞에 쪼그리고 앉는 수호.

> **수호**   누님! 동생분이 한 짓 좀 보십쇼! 동생분이 사실...
> 사실은... 얼굴 반반한 거 믿고 얼마나... 순정을 짓밟고
> 있는 줄 아십니까?
>
> **재희**   글쎄, 반반한 건 유전이고 남자 후리는 건 집안
> 내력이라서.
>
> **수호**   누님...
>
> **재희**   (다시 담배 꺼내 물며) 이거 다 피우면 경찰에
> 신고할 거야. 그 전에 가라.
>
> **수호**   왜 제 사랑에 공권력이 개입합니까? 사랑이 죄는 아니지
> 않습니까!

보다 못한 흥수가 수호를 끌고 간다.

홍수　사랑이 죄는 아닌데 네가 이러는 건 죄야. 똑똑히 들어.
　　　너랑 난 아무 사이 아냐. 그냥 몇 번 섹스한 사이야.
　　　잠 좀 잔 거 가지고 너 지금 되게 오버하는 거야, 알아?

수호의 눈에서 주르륵 눈물이 흐른다. 손등으로 쓱쓱 눈물을 닦으며 울음 참는 수호. 그 모습을 지켜보던 재희가 흥수의 뒤통수를 후려친다.

재희　나쁜 새끼. 야, 사랑에 '사'자도 모르는 이런 빨아 쓰지도
　　　못할 걸레... (멈칫하더니) 하여튼 얘 빼고 우리끼리
　　　한잔 하자.

재희가 수호의 팔짱을 끼고 끌고 간다. 황당한 흥수.

홍수　어디 가! 야, 너 술 마시면 안 된다고! 야!

손 흔들며 사라지는 재희.

#70. 재희의 집 / 새벽

이불 위에 누운 흥수. 방 한쪽에 소중하게 놓아둔 구찌 쇼핑백을 본다.
마음이 답답한 듯 이리 뒤척 저리 뒤척.

시간경과.

현관문을 열고 재희가 들어온다. 곧장 옷방 문을 열면, 비어 있는 잠자리.
재희가 몸을 돌려 화장실 문을 벌컥 연다. 뿌옇게 수증기가 찬 화장실 안.
팬티차림으로 변기에 앉아 휴대폰에 액정 필름을 붙이고 있는 흥수.

재희　(느끼하게) 안녕? 난 민이라고 해.
흥수　뒤진다.

흥수가 툭 문을 닫자 다시 툭 여는 재희. 화장실 앞에 벌러덩 누워 흥수를 올려다본다.

재희　뭐하냐?

흥수　보면 모르냐? 이렇게 해야 먼지가 안 들어가. 기포도 안 생기고. 술 마셨냐?

재희　아니. 걔 완전 취해서 계속 지만 따라주는데도 모르더라. 아주 술로 혼꾸녕을 내줬지. 어딜 봐서 내가 누나냐? 택시 태워 보냈으니까 걱정은 하지 말고.

흥수　누가 걱정을 해? 어디서 아웃팅 협박이야. 게이 자격도 없는 새끼.

재희　걔 너 진짜 좋아하더라. 네가 양조위 닮았대.

흥수　미친... 어리버리한 게 사람 졸라 신경 쓰이게 해. 짜증 나. 다신 안 만날 거야.

재희　착한 애 같던데... 너도 이제 진짜 연애 한 번 해봐야지.

흥수　하면 뭐? 나중에 결혼이라도 할까? 엄마한테 소개도 시키고? 인사해, 엄마. 내 남자친구야.

필름을 붙이며 자조적으로 웃는 흥수. 재희, 그런 흥수를 바라보다

재희　흥수야. 그냥 평생 우리 둘이 이렇게 살까?

흥수　됐어, 차라리 개를 키우고 말지.

재희　왜... 내가 좀 더 개처럼 살아볼게.

흥수　지금도 충분해, 차고 넘쳐.

두 사람 웃는다. 이내 씁쓸해지는 얼굴.

재희　야, 그거 붙인다고 안 깨지냐?

흥수　어, 안 깨져. 이거 방탄이야.

#71. 몽타주

─어두운 방, 스탠드 불이 켜진다. 책상에 멍하니 앉은 재희. 지저분한
  책상을 정리하기 시작한다. 전공책을 가지런히 꽂아놓고, 서랍 속 지난
  연애의 흔적까지 모두 정리한 뒤 물티슈로 구석구석 닦는다. 말끔해진
  책상 위에 자궁 모형을 떡하니 올려놓는다.

       흥수(소리)   그 후 재희는 경영학과를 복수 전공하더니 스터디까지
                    하며 본격적인 취업 준비에 매진했다. 학교에는 우리가
                    동거 중이며 낙태까지 했다는 소문이 돌았고, 재희와
                    나는 역시 집단지성의 힘은 위대하다는 결론에 도달했다.

─논산 훈련소 앞. 흥수가 모자를 벗자 짧게 자른 머리가 드러난다. 어깨를
  들썩이며 우는... 줄 알았던 재희가 "아, 졸라 못생겼어! 어떡해!"하며
  웃는다. 수호와 악수를 나누는 흥수. 뒤로 물러서는 재희, 눈물을 감추려
  고개를 돌린다.
─강의실. 수업 중 몰래 인터넷 강의를 듣거나 자격증 공부를 하는 학생들.
  뒷자리에 앉아 수업을 듣는 재희. 철구는 '7급 PSAT 입문서'를 쌓아놓고
  공부 중이다.

       흥수(소리)   저마다 살길 찾느라 바쁜 고학년이 되자 소문은
                    발화자에게도 당사자에게도 티끌만 한 영향력조차
                    발휘하지 못했다.

─스터디카페, 열 명 남짓한 인원이 마케팅 케이스를 분석 중이다.
  옆에 앉아 있던 남자 팀원이 재희에게 자신의 핸드폰을 내민다.
  메모장에 '너 메일 자꾸 반송됨. 다른 주소 알려줘.'라고 적혀있다.
  그의 핸드폰에 메일 주소를 입력하는 재희. 유나가 그 모습을 지켜본다.

#72. 스터디카페, 화장실 / 낮

세면대에서 손을 씻는 재희. 유나가 다가와 옆에서 손을 씻는다.
거울로 눈인사를 나누는 두 사람. 대뜸

> 유나 　저 언니 싫어요.
> 재희 　난 너 좋아.
> 유나 　(당황) 언니가 날 왜 좋아해요?
> 재희 　넌 내가 왜 싫은데?
> 유나 　... 왜 흥수 선배 놔두고 딴짓해요? 군대 갔다고
> 　　　 그러는 거 아니에요!

유나를 빤히 바라보는 재희. 한숨 같은 웃음을 뱉으며

> 재희 　너 흥수 좋아해?
> 유나 　네! 좋아해요!
> 재희 　좋아하지 마. 흥수는 나 좋아해.

재희가 싸늘한 얼굴로 화장실을 나가버린다.

#73. 재희의 집, 1층 / 저녁

힘없이 걸어오는 재희. 우편함에 꽂힌 편지를 발견한다. 얼른 꺼내보면
흥수의 이름이 적혀있다. 계단에 앉아 뜯어보는 재희.
'세상에서 젤루 못생긴 재희에게'로 시작하는 흥수의 편지. 순식간에
눈시울이 붉어지며 웃음을 터뜨리는 재희. 코를 훌쩍이며 편지를 읽는다.

> 흥수(소리) 　얼마 뒤 재희는 내가 없으니 학교가 재미없다며 호주로
> 　　　　　 어학연수를 떠났다.

#74. 몽타주

— 유격장. 레펠 훈련, 긴장한 흥수에게 교관이 묻는다. "여자친구
   있씁니꽈?" "있씁니다!" "예쁩니꽈?" "엄청 예쁩니다!" "여자친구
   이름 외치면서 하강합니다!" "재희야아아!!" 멋지게 뛰어내리는 흥수.
— 내무반. 선임병이 편지가 든 박스를 가지고 들어온다. 흥수에게 편지들
   내밀며 "오늘도 재희씨가 편지 다섯 통 보냈다. 아주 순애보여, 순애보.
   제수씨한테 친구 좀 소개시켜달라고 해." "네! 알겠습니다!" 우걱우걱
   크림빵을 먹으며 편지를 읽는 흥수. 봉투에 재희의 이름이 적혀있다.
   '사랑하는 흥수에게'로 시작하는 빽빽한 편지.

   흥수(소리)   수호는 재희의 이름으로 꾸준히 편지를 보내왔다.

— 수호의 편지 밑으로 호주에서 온 편지. 봉투 겉면에 보낸 사람 '흥자누나'.
   뜯어보면... 호주 해변을 배경으로 수영복 차림의 남자 사진 하나가
   달랑 나온다.
— 재희의 방. 구석에 아무렇게나 놓인 재희의 졸업 사진.
— 면접장. 검정색 투피스를 입고 유창한 불어와 영어로 자기소개를 하는 재희.
— 골목. 면접 복장 그대로 구두를 신은 채 정신없이 달려오는 재희. 모퉁이를
   돌자 제대한 흥수의 뒷모습이 보인다. 숨을 고른 뒤 태연한 척 다가가
   뒤통수를 후려치는 재희. "왔냐?" "보람상조냐?" "그래, 오자마자 가시게
   해 드릴까?" 티격태격 집으로 향하는 두 사람.

#75. 지하차도 / 낮

쨍쨍한 햇살이 내리쬐는 지하차도 앞. 형광색 조끼를 입고 차량 통제를 하는
흥수. 목에 두른 수건으로 쏟아지는 땀을 닦아낸다.
지하차도 안. 인부들이 터널 벽에 금이 간 곳마다 실리콘을 주입한다.
손수레에 실리콘과 생수를 운반하던 흥수. 방향을 못 잡고 벽에 부딪힌다.

#76. 재희 회사 / 낮

사무실에 일렬로 서 있는 인턴 사원들. 그 틈에 재희와 아영도 보인다.
각자의 책상에서 인턴사원들을 보는 직원들.

장팀장   자, 일동 인사.
인턴들   (허리 숙이며) 잘 부탁드립니다!

CUT TO.

복도로 나오는 인턴들. 장팀장이 남자 인턴들을 향해 말한다.

장팀장   힘들었지? 담배 콜? (남자 인턴들을 데리고 가며)
              여자분들은 돌아가서 좀 쉬고 있어. 금방 갈 테니까.

흡연구역으로 향하는 장팀장과 남자 인턴들. 재희도 따라가려는데...
문득 아영과 눈이 마주친다. 아영 무표정하게 고개를 돌려 다른 여자
인턴들과 반대쪽으로 향한다. 재희, 머뭇거리다 몸을 돌려 여자 인턴들을
뒤쫓아 간다.

#77. 재희 회사, 회의실 / 낮

몰래 초코파이를 베어 무는 재희. 가슴에 〈대성전자, 해외마케팅팀 인턴
구재희〉 명찰을 달고 있다. 혼자 남아 책상 위에 남은 과자들과 음료를
정리하고, 회의 내용이 빼곡하게 적힌 화이트보드를 꼼꼼히 지운다.
남은 초코파이를 한입에 욱여넣는데... 남자 직원(민준, 20대 후반)이
들어온다.

민준   아... 지웠어요?

입에 초코파이를 가득 문 채 당황한 재희.

민준   그걸 그냥 지우면 어떡합니까.

민준이 인상을 팍 쓰는데 재희가 휴대폰을 들고 다가간다. 초코파이 꿀꺽 삼키고서

재희   번호 좀 주세요.
민준   네?(갸우뚱) 제 전화번호요?
재희   (폰 보여주며) 보내드릴게요.

재희가 사진첩을 열어 미리 찍어놓은 화이트보드 사진을 옆으로 넘기며 보여준다.

민준   아...

그런 재희를 제법이라는 듯 쳐다보는 민준.

#78. C bar / 저녁

새까맣게 그을린 흥수가 바에 앉는다. 흰 셔츠를 입은 반듯한 인상의 바텐더(지석, 30대 중반)가 다가온다. 흥수가 낯선 듯 쳐다보자

지석   대타입니다. 사장님이 오늘 일이 있어서.
흥수   아... 데킬라 한 잔 주세요.
데킬라를 따라주며 지석이 반달 눈웃음을 짓는다.

지석 여행 다녀왔나 봐요? 많이 탔어요.

흥수 네? 아... 네.

지석 아직 학생이에요?

흥수 (고개 끄덕)

지석 부럽다. 어디 다녀왔어요?

그때 목에 사원증을 건 재희가 나타난다. 단숨에 흥수의 데킬라를 삼키더니

재희 야, 빨리 마시고 청계천 가자.

흥수 청계천은 왜?

재희 총 사러. 부장 새끼 쏴버릴 거야!

시간경과.

지친 얼굴로 조용히 술판 마시는 두 사람. 재희가 빼놓은 사원증을 물끄러미 바라보는 흥수.

재희 나 오늘 하루 종일 뭐했는지 알아? 문서 파쇄했다.
       20리터짜리 봉투 꽉 채워서 열 개 나오더라.
       나 대학 왜 나온 거니?

흥수 파쇄하느라 수고했다고 월급 주잖아. 난 돈 벌려면
       취업해야 되는데 취업 준비하려면 또 돈이야.

재희 흥수야... 우리 평생 이렇게 준비만 하다 죽는 거냐?
       힘들게 대입 준비했더니 죽도록 취업 준비해야 되고,
       그 담엔 결혼 준비, 출산 준비, 노후 준비, 죽을 때 자식들
       고생하지 말라고 상조 준비까지!

구석에서 지석이 픽 웃는다. 재희가 쳐다보면... 아닌 척 셰이킹을 하는 지석.
흥수 그런 지석을 보는데

재희	뭐지? 그 별빛이 내리는 샤랄라한 눈빛은?
흥수	뭐래....
재희	괜찮은데? (소곤) 맘에 들면 대시해봐.
흥수	아니라고. 내가 지금 그럴 때냐?
재희	그럴 때가 따로 있냐?

그 순간, 지석이 두 사람에게 다가오더니 두 사람의 잔에 데킬라를 채운다.

지석	이건 사장님 몰래 제가 쏘는 겁니다. (두 사람 손목 문신을 보고) 커플이시구나.
흥수	아뇨, 친구예요.
지석	에이... 남녀 사이에 친구가 가능한가?
	친구도 둘 중에 한 명은 이성적인 호감이 있으니까
	유지되는 거 아니에요?

지석, 칵테일 잔 안에 우유로 구름 형상을 만든다.

지석	불이 붙기 위해선 세 가지 조건이 충족돼야 하잖아요.
	산소, 탈 물질, 발화점 이상의 온도. 연애에 대입해 보자면
	남자와 여자, 그리고 분위기. 원수도 사랑하게 될
	그 분위기란 게 언제 찾아올지는 '절대' 모르는 거니까.

라이터를 켜자 잔 위에 푸른 불꽃이 일렁인다. 재희에게 잔을 내밀며

지석	멈추지 말고 한 번에 쭈욱 마셔요.

흥수의 눈치를 보며 조심스럽게 칵테일을 마시는 재희.
흥수 묘한 분위기의 두 사람을 바라보는데 사장(영호)이 들어온다.

사장　지석아! (지석과 교대하며) 야, 고맙다!
　　　　끝나고 한잔 해야지?

지석　아... (재희를 힐끗) 나 사무실 다시 들어가 봐야 돼.

정장 재킷을 입더니 목에 넥타이를 거는 지석. 재희 앞에 명함을 내려놓는다.
[법무법인 승부, 변호사 김지석]
재희가 어리둥절한 얼굴로 쳐다보면

지석　부장한테 총 쏘고 나서 연락해요.

#79. 흥수 면접 몽타주 / 낮

자막 29

—빌딩 회전문을 밀고 들어와 로비를 가로지르는 흥수.
—가슴에 이름표를 단 면접자들이 면접장 밖에서 대기하고 있다.
　　면접장 문이 열리고 직원이 나와 번호를 호명하면 일어서서 면접 장소로
　　들어간다.
—잔뜩 긴장한 얼굴로 앉아 있는 흥수와 응시자들.

면접관1　여자친구 있어요?
흥수　...없습니다.
면접관1　결혼은 언제쯤 할 생각이에요? 육아 휴직 쓸 거예요?
흥수　......
—다른 면접장, 나이 지긋한 면접관이 흥수의 자기소개서를 주의 깊게
　　보고 있다.

면접관2	'잃어버린 시간을 찾아서'라... 쉽지 않은 책인데...
흥수	오로지 인간에 집중하는 작가의 열정과 헌신, 그 집요함을... 읽는 게 아니라 체험하는 작품이라고 생각합니다.

돋보기를 벗고 흐뭇하게 쳐다보는 면접관.

면접관2	왜 우리 회사에 지원했어요? 아무리 봐도 취업엔 관심이 없어 보이는데.
흥수	...!
면접관2	방향이 틀리면 속도는 의미가 없어요.

—던져지는 이름표. 그 위로 쌓여가는 이름표들.
—또 다른 면접장, 흥수와 응시자들에게 차례로 질문을 던지는 면접관들.

면접관3	UCLA에서 국제개발학 전공했네요? 해외마케팅 업무를 전공과 연결 지어서 얘기해 보세요.
면접관4	유학생활 하면서 가장 힘들었던 점이 뭡니까?
면접관3	아버지 뭐 하세요?

흥수의 차례가 되자 갑자기 조용해지는 면접관들. 별 관심 없는 얼굴로
흥수의 자기소개서를 넘겨본다. 조용히 있던 면접관5가 입을 연다.

면접관5	혹시... 이 노래 아나?
흥수	네?
면접관5	아침부터 계속 입에서 맴도는데... 가사랑 제목이 생각이 안 나. 왜 그럴 때 있잖아. 아는데 죽어도 생각 안 나는 거.
면접관3	에이, 그럼 모르는 거지.

면접관5	아니야, 아는 노래야. 남자들은 다 아는 노래.
면접관4	그래요? 뭔데요?

면접관5가 멜로디를 흥얼거린다. 모두 '아는 노랜데!' 하는 표정.
면접관의 흥얼거림에 맞춰 떠오르는 가사를 불러보는 흥수.
으으음... 우울런지... 으으음... 해도... 눈물이나...
그러자 동시에 노래가 생각난 사람들. 다 함께 열창한다.
♪안 돼~ 안 돼~ 왜 떠나지 못해. 내 곁에 있어도 너를 볼 수 없는데♬

#80. 양대창집 / 저녁

♪안 돼~ 안 돼~ 날 다신 찾지 마. 내 남은 사랑을 보면 뭘 해. 넌 이미 떠난 걸♬
홍경민의 '내 남은 사랑을 위해'가 흘러나오고... 돌 씹는 표정으로 곱창을
먹는 흥수. 지석이 재희에게 다정하게 음식을 챙겨준다.

재희	옛날엔 여의도랑 강남 가며 목에 사원증 걸고 나와서 담배 피우는 사람들, 쟤넨 뭐가 좋아서 맨날 웃고 있나 했거든? 근데 이제 알겠어. 회사 밖으로 나오면 그냥 좋아. 그냥 다 좋아.
수호	완전! 외근만 나가도 행복해.
재희	그치그치? 우리 부장은 꼭 일을 두 번 시킨다? 오더를 한 번에 정확하게 하면 안 돼? 뭐 내 마음을 맞혀 봐?
지석	네가 일하는 요령이 없는 거지.
재희	아냐, 맨날 알아서 해오라면서 개고생시킨단 말야.
지석	상사 스타일에 맞춰서 일하는 것도 업무 능력이야. 시간 지나면 자연스럽게 터득하게 돼.

뭔가 더 말하려다 참는 재희. 흥수 그 모습이 못마땅하다.

지석   (수호 보며) 근데 둘은 자주 봤나 봐?

재희   아니, 옛날에 술 먹고 집 앞에 와서 꼬장 부린 후로
        두세 번 봤나?

지석   (정색) 왜 흥수 친구가 너희 집에 와서 꼬장을 부려?

아차! 싶은 재희. 흥수와 눈이 마주친다.

재희   그게...

흥수   조모임이었잖아.

재희   그래, 우리 집에서. 다 모여서 밤새 PPT 만들고, 흥수는
        처자고, 쟤는 와서 꼬장 부리고... 아름다운 밤이었지.

지석   넌 왜 조모임을 집에서 하고 그래? 남자애들까지 불러서.

재희   다 친구들인데 뭐. 지은이도 있고.

지석   참, 지은이도 집에 있으면 나오라고 해.

재희   ... 걔 채식해.

지석   저번 산채정식 먹으러 갈 땐 육식주의자라며?

재희   그 후로 고기 끊었어. 지방간이래.

지석   지은이는 고양이야? 왜 항상 집에만 있어? 고양이는
        소리라도 내지, 난 너랑 통화하면서 지은이가 내는
        소리도 들어본 적이 없어.

흥수   그럼 남 통화할 때 막 떠들어야 돼요? 걔가 원래
        조용해요.

흥수와 지석, 냉랭하게 서로를 쳐다보는데... 재희가 흥수의 잔에 소주를
채운다.

재희   고기 먹는데 술이 끊기면 안 되지. (지석의 잔에도
        따르려는데)

지석   됐어. 내일 아침에 일찍 법원 들어가야 돼.

            (소주병 뺏고 손잡으며) 재희 너도 그만 마셔.

            가서 회의 준비해야 된다며.

   재희   이렇게 나를 챙긴다, 오빠가.

맞잡은 두 사람의 손에 커플링이 끼워져 있다.

#81. 수호 차 안, 재희 집 앞 / 밤

보조석에 앉아 열변을 토하는 흥수.

   흥수   집착 쩔어. 싫다는데 계속 쫓아다녀서 사귄 거라니까?

            전화 한 번 안 받으면 난리가 나요, 아주.

   수호   재희를 엄청 좋아하나보네. 집착도 사랑이라잖아.

   흥수   집착이 어떻게 사랑이야? 정신병이지.

재희의 집 앞에 도착해 차를 멈춰 세우는 수호.
흥수, 생각난 듯 가방 지퍼를 연다. 안에 구찌 상자가 들어있다.

   흥수   데려다줘서 고마워. 이거... 너무 늦었 /

   수호   흥수야, 나 결심했다. 제대로 하려고... 커밍아웃.

            동생한텐 말했어. 생각보다 안 놀래더라. 짐작은 하고

            있었대.

급 차가워진 흥수. 차 안에 무거운 침묵이 흐른다.

   흥수   가라. 다시는 나 볼 생각하지 말고.

흥수가 차에서 내리자 수호가 쫓아 내린다.

수호   넌 나랑 헤어지는 게 그렇게 쉬워?

홍수   네가 커밍아웃하면 너랑 다니는 나는 뭐가 되는데?
        그건 생각해 봤어? 앞으로 벌어질 일들 네가 진짜
        감당할 수 있을 거 같아?

수호   ... 있잖아. 나도 그래. 너 갑자기 연락 끊길 때마다 별의별
        걱정을 다 해. 근데 참아. 네가 싫어하니까. 네 전화
        한 통에 주인 기다리던 강아지처럼 달려 나가면서도 나...
        한 번도 자존심 상한 적 없어. 왜? 너 보면 좋으니까.
        홍수야, 나는... 세상 사람들이 욕하는 것보다 네가 쳐놓은
        벽이 더 아파.

홍수   그러니까 보지 말자고!

수호   ... 그래. 보지 말자. 다시는... 나도 이제 지친다.

수호가 차를 타고 떠난다. 곧장 뒤돌아서는 홍수. 열린 가방 사이로 구찌
상자가 보이자 멈칫...가방을 닫고 대문 안으로 들어간다.

#82. 백화점, 의류매장 / 저녁

트렌치코트를 입은 재희가 남자 옷을 고르고 있다. 거울 앞에서 셔츠를
대보는 홍수. 가격표를 보고 조용히 내려놓는데 재희가 오더니 그 셔츠를
집어 든다.

재희   이거 한 치수 큰 것도 있어요?

점원   네, 잠시만요.

그사이 발랄한 미니스커트를 구경하는 재희.

홍수   예쁘다. 입어 봐.

재희   회사에 이런 걸 어떻게 입고 가.

홍수 쉬는 날 입으면 되지. 너 요즘 힐도 안 신더라?

재희 오빠가 싫어해. 자기보다 커 보인다고.

홍수 그럼 지가 더 크던가. 넌 왜 자꾸 걔한테 맞춰줘?
너 요즘 되게 재미없어. 재수도 좀 없고.

재희 그게 으른이란다, 얘야.

홍수 이것 봐, 재수 없는 거!

재희 결혼하재.

홍수 ...!!

재희 오빠 나이가 있으니까, 생각해 보겠다고는 했는데...
회사 일도 재밌고, 이제야 뭔가 내 인생 사는 거 같은데...
지금 나한테 결혼이 꼭 필요한 건지 잘 모르겠어.
확신에 차도 잘 살까 말깐데.

홍수 넌 결혼에 확신이 없는 게 아니라 걔한테 확신이 없는
거야. 볼수록 별로야. 지가 아는 게 세상의 전부인 줄
아는 새끼.

재희 넌 오빠를 왜 그렇게 싫어해?

홍수 난 대체로 모든 인간을 싫어해.

재희 ... 남들 한다고 나도 하는 게 답은 아니겠지? 너도 남들
따라 무조건 취업할 게 아니라 문창과 대학원도 있잖아.
제대하고 나서 너 글 쓰는 거 한 번도 본 적 없는 거 같아.

홍수 세상에서 젤루 초라한 게 돈 없는 게이야.
난 그냥 돈 벌 거야. 초라하게 살기 싫어.

재희 좋아하는 걸 잘하는 것도 복이야. 아깝지 않아?

홍수 이제 대학원 준비해서 들어간다 치자. 졸업하고 글 써서
등단까지 하려면 10년은 걸릴 텐데, 그럼 내 나이가
몇인 줄 알아? 곧 마흔이야, 마흔!

재희 소설 안 쓰면 10년 뒤에 넌 몇 살인데?

순간 할 말을 잃는 홍수. 점원이 셔츠를 가져온다.

재희가 들고 있던 셔츠도 함께 내밀며

> **재희**　둘 다 주세요.
>
> **흥수**　왜 두 개나 사?
>
> **재희**　너 면접 볼 때 산뜻하게 좀 입고 가라고, 선물.
>
> **흥수**　됐어, 이것만 주세요.
>
> **재희**　나 월급 탔어. 내가 사줄게.
>
> **흥수**　됐어! 내가 거지냐?

냉랭해지는 분위기... 가운데서 어쩔 줄 모르는 점원.

#83. 지하철 안 / 밤

재희는 좌석에 앉아 있고, 흥수는 좀 떨어져 문 옆에 서 있다. 각자 휴대폰을
하는데... 한숨을 쉬며 고개를 드는 재희. 맞은편에 비슷한 트렌치코트를
입은 여자가 앉아 있다. 리본 달린 플랫슈즈마저 똑같다. 눈이 마주치자
슬그머니 쇼핑백으로 신발을 가리는 재희. 지하철 문이 열리고 여자가
내린다. 여자가 앉았던 자리 뒤 유리창에 재희의 모습이 반사된다. 물끄러미
자신을 바라보다 시선을 떨구는 재희.

#84. 독서실 / 낮

다닥다닥 붙은 칸막이 책상에서 공부 중인 흥수. '흥자누나'에게서
전화가 걸려 온다. 힐끗 보고 받지 않는다. 카톡이 연속으로 뜬다.
[야] [집으로 와] [빨리 와] [너희 엄마 오셨어!!!]
놀란 흥수가 벌떡 일어나 뛰쳐나간다.
옆에서 점퍼를 뒤집어쓰고 엎어져 있던 철구가 고개를 든다. 그 바람에
핸드폰에서 이어폰이 빠지고... 재생 중이던 야한 동영상 속 여자 신음
소리가 울려 퍼진다. 당황한 철구 얼른 전화받는 척하며

철구   어, 엄마. 많이 아퍼? 병원 가야 되는 거 아니야?

철구 책상에 9급 공무원 교재들이 한가득.

#85. 재희의 집 / 낮

흥수가 뛰어 들어온다. 다정하게 삼계탕을 먹고 있는 재희와 명숙.

흥수   엄마가... 왜 왔어, 여긴?

명숙   겨울옷 보내라며. 택배로 보내려다 그냥 왔어.
            너 사는 것도 궁금하고, 김치도 좀 주려고.

흥수   (재희 눈치 보며) 엄마 얘는... 어떻게 된 거냐면...

명숙   알아, 베프.

재희   내가 다 말씀드렸어. 변태 얘기까지 싹 다. 그쵸, 어머니?

명숙   얼마나 놀랐을까. 흥수 얘가 학교 얘기는 통 안 해서.
            이렇게 친한 친구가 있는지도 몰랐네. 워낙 곁을 안 주는
            녀석인데.

재희   싸가지가 없긴 한데... 애는 착해요. 완전 츤데레.

명숙   맞아요, 좀 무뚝뚝하지. 먼저 좋은 회사 들어갔으니까
            우리 흥수 좀 많이 도와줘.

재희   걱정 마세요, 어머니. 점쟁이가 그러는데요, 제가 영부인
            사주라서 제 옆에 있는 남자는 무조건 크게 된댔어요.

명숙   어머, 그래? 호호호.

재희   아, 어머니가 해주신 밥 먹으니까 너무 좋다.

명숙   에구... 반찬 좀 자주 해줘야겠네. 많이 먹어요, 어서.

명숙이 재희의 밥 위에 고기를 얹어준다.
두 사람을 어이없게 바라보다 사이에 껴서 앉는 흥수. 내심 기분이 좋다.

#86. 버스 정류장 / 저녁

명숙을 배웅하는 흥수.

> **흥수**   택시 타라니까.
> **명숙**   됐어. 한 번만 갈아타면 되는걸 뭐.
> **흥수**   앞으론 전화해. 내가 가지러 갈게. 괜히 무겁게...
> **명숙**   알았어. 친구가 참 싹싹하니 괜찮더라. 예쁘고.
> **흥수**   화장발이야.

버스 오는 것이 보이자 명숙이 흥수의 주머니에 5만 원 몇 장을 넣어준다.

> **흥수**   됐어, 나 알바 하잖아.
> **명숙**   고기도 사 먹고 그래. 그래야 머리가 핑핑 돌아가지.
>   재희도 맛있는 것 좀 사주고.

버스가 도착하자 흥수의 손을 꼭 잡는 명숙.

> **명숙**   흥수야, 나는 네 병... 나을 줄 알았어.
> **흥수**   ...!!

명숙이 올라타고 버스가 출발한다. 멍한 얼굴로 우두커니 서 있는 흥수.

#87. 재희의 집 / 새벽

오들오들 떨면서 재희의 방으로 들어오는 흥수.
보일러 조절기를 확인하면 빨간색 에러 표시가 깜박인다.

> **재희**   왜? 고장 났어?
> **흥수**   어.

재희   (한쪽으로 비키며) 여기서 자.

흥수   됐어.

재희   네 방에 전기장판도 없잖아.

흥수, 망설이다가 재희의 옆에 조심스럽게 등을 돌리고 눕는다.

재희   어머니 참 좋으시더라. 다정하고. 넌 아빠 닮았나 봐.

흥수   ... 엄마도 너 이쁘대. 노안 왔나 봐.

픽 웃는 재희. 그때 지석에게 전화가 걸려 온다.
망설이다 무음 버튼을 누르는 재희. 가만히 생각에 잠기고...
등을 돌린 채 쉽게 잠들지 못하는 두 사람.

#88. 다음 날, 동일 / 아침

어느새 얼굴을 맞대고 자고 있는 재희와 흥수.
거의 동시에 눈을 뜬다. 재희, 기분 좋은 미소를 지으며

재희   Tu as bien dormi ? Si bel homme. (잘 잤어,
        꽃미남?)

흥수   (지그시 바라보며 다정하게) 재희야, 똥 먹었어?

흥수의 얼굴에 베개를 날리는 재희.
흥수가 일어나려 하자 꼬물거리며 다가와 등을 껴안는다.

흥수   갑빠 치워라.

재희   싫어. 네 등판 겁나 따뜻하단 말야.

흥수   아, 좀 떨어지라고.

재희   싫다고.

흥수, 어쩔 수 없이 재희를 등에 매단 채 현관으로 간다. 문을 열고
우유 주머니에서 우유를 꺼내는데... 마침 올라오던 지석과 떡하니 마주친다.
놀란 흥수가 바로 서는 바람에 바닥으로 툭 떨어지는 재희.
티셔츠에 팬티 바람인 재희를 본 지석.

       지석   너네 지금...? 야! 이 개새끼야!

다짜고짜 돌진해 흥수의 얼굴에 주먹을 날린다. 그대로 나가떨어지는 흥수.

       재희   오빠, 그런 거 아니야!

지석이 흥수의 멱살을 잡아 올린다. 재희가 달려들어 말린다.

       재희   왜 이래! 하지 마! 내가 다 설명할게!
       지석   (흥수에게) 너 뭐야? 너 내 여자한테 무슨 짓 했어?
       흥수   이거 놓고 말해요!
       재희   내 말 좀 들어봐, 오빠! 내 말 좀 들어보라고!
       지석   넌 빠져, 씨발!

지석이 확 밀치는 바람에 재희가 신발장에 부딪혀 넘어진다.
흥수가 지석을 밀어내고 재희를 일으킨다.

       흥수   지금 뭐 하는 거야! (재희 보며) 너 괜찮아?
       지석   내 여자한테 손대지 말라고, 씨발놈아!

지석이 다시 때리려 하자, 흥수의 앞을 막아서는 재희.

       재희   얘 게이야!!

순간 놀라서 멈추는 지석과... 더 놀란 얼굴의 흥수.

> 재희   흥수 얘 게이라고. 얘 남자 좋아한다고!
> 지석   ... 뭐?
> 재희   얘가 바로 지은이야. 내가 거짓말했어.
>   근데 진짜 여자랑 사는 거나 마찬가지야!
> 지석   지은이가... 너... 게이야?

순간 괴물 보듯 흥수를 위아래로 훑는 지석.

> 재희   나가자. 나가서 얘기해.

재희가 지석을 끌고 나간다. 혼자 남겨진 흥수의 코에서 주르륵 코피가
흐른다. 손등으로 쓰윽 닦는 흥수. 피식피식 웃음이 새어 나온다.

#89. 카페 / 아침

지석이 따뜻한 아메리카노 두 잔을 툭! 내려놓는다.

> 재희   거짓말해서 미안해.
> 지석   거짓말이 아니라 너 나한테 사기 친 거야. 너 이런 식이면
>   나 너 못 만나. 너랑 어떻게 결혼을 해?
>   넌 이게 상식적으로 말이 된다고 생각해?
> 재희   ... 알았어. 흥수랑 얘기해 볼게. 시간을 좀 줘.
> 지석   무슨 시간이 필요해? 그 자식 당장 내보내고 다시는
>   연락하지 마.
> 재희   오빠도 영호 오빠랑 친하잖아. 목숨 같다며?
>   간도 신장도 떼 줄 수 있다며? 흥수가 그래.
>   흥수가 나한테 그런 친구야.

지석	그거랑 이거랑 어떻게 같아? 너 머리가 그렇게 나빠? 비교할 걸 비교해!
재희	오빠.
지석	(버럭) 그냥 그 게이 새끼랑 연락하지 말라고!!!

순간 서서히 굳는 재희의 얼굴. 갑자기 피식...

지석	왜 웃어? 넌 이 상황이 웃겨?
재희	(김이 모락모락 나는 커피를 보다가) 나는... 아이스 좋아해...
지석	뭐?

반지를 빼서 테이블 위에 올려놓는 재희.

재희	그래, 헤어지자. 씨발.

#90. 재희의 집 / 낮

무거운 얼굴로 들어오는 재희. 흥수가 캐리어에 마구잡이로 옷을 집어넣고 있다.

재희	미안해. 그러려던 건 아니었는데...
흥수	(피식) 그럼 어쩌려고 했던 건데?
재희	화났어?
흥수	아니. 내가 왜 화가 나. 나 게이 맞잖아.
재희	너 화날 때마다 웃잖아.

흥수의 얼굴에서 웃음기가 사라진다.

흥수	알면서 뭘 물어... 야, 나 우리 엄마한테도 말 못 했어.
	나 낳아준 내 엄마한테도 그 말을 못 하겠는데!
	네가 뭔데 그 새끼한테 씨발!
재희	난 너 맞을까 봐 그런 거잖아.
흥수	차라리 맞게 두지 그랬어! 기분 더럽게 만들지 말고!
재희	난 너 이해하니까. 그 사람도 너에 대해 알고 나면 달/
흥수	네가 뭔데 날 이해해? 넌 일반이라서? 넌 정상이라서?
	같잖게 굴지 말고 차라리 네 일 아니라 관심 없다고 해!
	그게 훨씬 더 참을 만하니까! 알았어?
재희	... 그럼 넌 언제까지 숨을 건데? 평생 나랑만 놀 거야?
	졸업도, 소설도, 네 인생도! 언제까지 미루고 숨기만
	할 거냐고?
흥수	나도 너처럼 돈 많은 부모 있으면 이렇게 안 살아!
	너 이렇게 사는 거, 센 척하는 거 다 믿는 구석
	있어서잖아! 아냐?
재희	(표정 얼어붙는) 이렇게...? 내가 어떻게 살고 있는데?
	어떻게 네가... 너는 다 알면서... 다 봤으면서...
흥수	그러니까 남자한테 질질 끌려다니지 말고 똑바로 살아.
	지금 그거 너 아니잖아!

흥수를 쏘아보는 재희의 눈에서 눈물이 뚝뚝 떨어진다.

재희	그러는 넌 한 번이라도... 같잖게라도 나 이해해 본 적
	있어? 넌 네가 세상에서 제일 불행하고 제일 불쌍하지?

상처받은 눈으로 서로를 노려보는 두 사람. 흥수가 캐리어를 끌고
나가버린다. 그때, 책상 위에 두고 간 흥수의 휴대폰으로 수호의 문자가
도착한다.

#91. 집 앞 / 낮

씩씩거리며 걸어 나오는 흥수. 재희가 흥수의 휴대폰을 들고 쫓아 나온다.

> **재희** 장흥수!

흥수가 돌아보면... 그의 가슴팍에 휴대폰 들이밀며

> **재희** 사랑은 있잖아. 보호필름 떼고 하는 거야, 겁쟁아.

돌아서 가버리는 재희. 혼자 멍하니 서 있는 흥수. 홧김에 휴대폰을 던져버린다. 바닥에 퍽! 소리를 내며 떨어지는 휴대폰. 주워보면... 액정 한쪽이 조각조각 깨지고 금이 갔다.

> **흥수** 씨... 방탄이라며...

#92. 흥수의 집, 주방 / 아침

식탁에 마주 앉아 밥을 먹는 흥수와 명숙. 명숙은 그새 많이 야윈 모습이다.

> **명숙** 저번에 면접 본 데는 연락 없어?
> **흥수** (고개를 처박고서) 없어.
> **명숙** (속이 답답한 듯 명치를 문지르며) 요즘 뭐만 먹으면 여기가 꽉 막힌 게 통 소화가 안 돼. 답답해 죽겠어. 기도를 해도 답답한 게 풀리질 않아.
> **흥수** 술을 마셔 봐. 예수님도 포도주 마시던데 뭐.
> **명숙** (한숨) 이렇게 며칠씩 안 들어가도 돼? 언제 갈 거야? 반찬 좀 싸줄게.

흥수 숟가락을 내려놓고 일어난다. 습관적으로 냉동실 문을 여는 흥수.

명숙	(명치 툭툭 치며) 왜? 뭐 찾아?
홍수	... 아니야.

홍수 냉동실 문을 닫고 방으로 들어간다.

#93. 재회 회사 / 낮

복사기 버튼을 누르며 깊은 한숨을 내쉬는 재희. 어디선가 고성 들려온다.

부장	못 들었다고? 20분 뒤에 PT인데 못 들었다고 하면 다야? 장팀장 어딨어?!!!

부장 뒤로 고개를 푹 숙인 채 서 있는 여직원.
장팀장이 허둥지둥 일어나 부장 앞으로 달려간다.

부장	장정우, 너 내가 얘기한 거 어제 전달했어, 안 했어?
장팀장	그게 어제 다 얘기했는데...
여직원	(억울한 얼굴로 장팀장 쳐다보고) !
부장	했는데 지금 이거 봐봐. (자료 던지며) 이게 전달이 된 거야? 오늘 PT 취소할 거니까 내일까지 다시 해와.

부장이 부장실 문 쾅 닫고 들어가면, "아이씨..." 인상 쓰며 여직원 돌아보는 장팀장.

여직원	(억울) 팀장님, 전 진짜 못 들었 /
장팀장	얘기했잖아! 어제 회의하면서 다 얘기한 걸 말야! 최대한 빨리 다시 해서 보내, 알았어?

씩씩거리며 가버리는 장팀장.

여직원, 고개 숙인 채 가만히 서 있고... 멀리서 여직원 바라보는 재희.

#94. 회사, 여자화장실 / 낮

화장실로 들어서는 재희. 부장한테 혼난 여직원이 다른 여직원들에게
위로받으며 코를 훌쩍이고 있다.

> **여직원2**　아니 지들끼리 얘기한 걸 우리가 어떻게 아냐고!
>
> **여직원3**　매번 전달 좀 해달라고 그렇게 부탁해도 모른 척하고
> 말야. 아, 진짜 나도 담배를 배우든가 해야지.
>
> **여직원4**　그럼 그건 그거대로 욕하잖아요. 진짜 짜증 나!

여직원들의 얘기를 들으며 조용히 눈동자를 굴리는 재희. 성큼 여직원들을
향해 다가선다.

#95. 독서실 / 낮

책상 위에 놓인 책들을 가방에 집어넣는 흥수. 마침 철구가 들어온다.

> **철구**　뭐하냐? 독서실 그만두려고? 구재희랑 또 헤어졌냐?

흥수 묵묵히 짐만 챙기는데, 녹즙 파우치에 빨대를 꽂아 내미는 철구.

> **철구**　야, 그냥 딱 마셔! 잘한 거야! 그런 쌍년은 그냥 잊어버려.
> 덕분에 게이라는 오명은 벗었잖아.
>
> **흥수**　(멈칫, 철구 싸늘하게 쳐다보는) ......
>
> **철구**　아니... 네가 우리랑은 어울리지도 않고, 여자도 안
> 만나니까. 근데 그거... 구재희 걔가 장흥수 자기 거니까
> 건들지 말라고 지랄하는 바람에 너만 연애 못 한 거잖아.

지는 남자들 막 만나고 다니면서!

홍수   ... 뭐?

철구   유나! 걔 화장실로 끌고 가서 그랬다던데? 몰랐어?

가만히 서 있던 홍수. 가방을 들고 나가다 다시 돌아오더니

홍수   알지도 못하면서 함부로 지껄이지 마. 누구더러
         쌍년이래?

무섭게 철구를 노려보다 가버린다. 호로록 녹즙을 빨며 안타까운 듯 고개를
흔드는 철구.

철구   에휴... 저 순정파 새끼...

#96. 재희 회사, 흡연구역 / 낮

장팀장과 민준, 남직원들 서넛이 담배를 피우고 있다.

장팀장 야, 내 짬밥에 진짜, 이런 일로 부장한테 불려 다녀야
          돼? 그런 말 안 나오게 잘 좀 하자. 보고서건 PPT 자료건
          나오면 올리기 전에 더블체크 좀 하고. 폰트도 좀 크게.
          어?

직원들 (고개 끄덕끄덕)

그때, 비장하게 담뱃불을 붙이며 나타나는 재희. 남자 직원들 낯선 광경인 듯
쳐다보는데... 이 모습 유리창에 바짝 얼굴을 갖다 대고 구경하는 여직원들.
지나가던 아영, 무슨 일인가 여직원들 뒤쪽으로 다가서고...
재희, 담배 연기를 길게 내뿜으며

재희   여기가 회의실인지 미처 몰랐지 뭐예요? 얘기 좀
         해주시지. 미리 알았으면 아까 그런 일도 없었을 텐데.
         (장팀장 보며) 그죠, 팀장님? 이제 알았으니 (광고 속
         탕웨이 흉내 내며) 놓치지 않을 거예요!

기다렸다는 듯 우르르 나오는 여직원들.

여직원4   어후, 시원하고 좋네요. 앞으로 회의는 여기서 하는 거
            맞죠?
여직원2   우리가 그동안 엉뚱한 데서 헤매고 있었네. 속상해라.
여직원3   (남직원에게) 저도 한 대 줘 봐요. 동료끼리 좋은 건
            나눠야지.

당황하는 남직원들, 어쩔 줄 몰라 하는데...
아랑곳하지 않고 한쪽으로 가서 시원하게 담배를 피우는 재희.
그런 재희를 보며 재밌다는 듯 미소 짓는 민준.

#97. 재희의 집 / 오후

흥수가 들어온다. 현관에 놓여있던 재활용 쓰레기가 우르르 쓰러진다.
한숨을 쉬며 방으로 가는 흥수. 벽에 문신한 손목을 크로스한 두 사람의
사진이 붙어있다. 베란다에 쌓아놓은 상자들 속에서 전공 서적들을 꺼내는
흥수. 그 바람에 사이에 끼어있던 상자가 떨어지며 물건들이 쏟아진다.
재희의 사진앨범과 작은 자물쇠가 달린 일기장, 오래된 인형...
사진앨범을 보는 흥수. 장난기 가득한 꼬마 재희의 모습에 웃음이 난다.
그때, 구석에 돌돌 말린 도화지가 보인다. 꺼내어 펼쳐보면...
A+라 적힌 도화지 위에 그려진 찌그러진 우유갑.
놀란 얼굴로 멍하니 보는 흥수.

홍수　... 나쁜 년.

#98. 재희 회사 / 밤

텅 빈 사무실에서 야근 중인 재희.
책상 위에 누군가 아이스커피를 내려놓는다. 보면, 아영이다.

　　　아영　오늘, 구재희 다뤘어.
　　　재희　어? 어... 고마워.
　　　아영　다음에 밥 한번 같이 먹자.
　　　재희　응.

아영이 돌아가고, 아이스커피를 맛있게 한 모금 마시는 재희.
피식 미소 지으며 다시 일에 열중한다.

#99. 재희의 집 / 밤

깜깜한 집에 들어와 불을 켜는 재희. 현관에 서서 잠시 텅 빈 집을 바라본다.
구두를 벗는데 현관 한쪽에 가지런히 정리된 재활용 쓰레기가 보인다.
밥상을 차려놓고 TV를 켜는 재희. 막상 입맛이 없는지... 밥공기에 가득 냉동
블루베리를 담아 온다. 멍하니 TV를 보며 블루베리를 씹는 재희.

#100. 홍수의 방 / 새벽

창문을 열고 담배를 무는 홍수. 서랍에서 라이터를 꺼내 불을 붙이는데...
재희가 주었던 말보로 라이터다. 휴대폰을 들어 문자함을 열어보는 홍수.
아직 읽지 않은 수호에게서 온 문자. 망설이다가 확인하면...
[집착이 사랑이 아니라면 난 한 번도 사랑해 본 적이 없다.]
물끄러미 바라보는데, 밖에서 명숙이 돌아오는 문소리 들린다.

얼른 창문을 닫고 침대에 눕는 흥수.

잠시 후, 스르륵 문이 열리고 성경책을 든 명숙이 들어온다.
무릎을 꿇고 앉아 흥수의 등에 손을 얹는 명숙. 기도를 읊조리는데...

　　　　흥수　엄마. 나 게이야.

기도 소리가 뚝 멈춘다.

　　　　흥수　엄마, 나는... 내가 좋아하는 사람은 남자야.

긴 침묵이 흐른다. 휘청하며 일어나 방을 나가는 명숙.
흥수 가만히 벽을 응시한다.

#101. 흥수의 집, 거실 / 아침-저녁

ㅡ아침. 아무도 없는 조용한 거실.
ㅡ낮. 방에서 나와 어슬렁거리는 흥수. 굳게 닫힌 안방 문.
ㅡ저녁. 식탁에서 라면을 먹는 흥수. 방에서 외출복을 입은 명숙이 나온다.

　　　　흥수　어디 가?
　　　　명숙　... 영화 보러.
　　　　흥수　영화를? 이 시간에? 혼자?
명숙 대꾸 없이 현관문을 쾅! 닫고 나가버린다.
흥수 다시 라면을 먹으려다 젓가락을 내려놓는다.

#102. 흥수의 방 / 새벽

슬그머니 눈을 뜨는 흥수. 핸드폰을 보면 새벽 4시다.

이상한 듯 문 쪽을 쳐다본다.

#103. 흥수의 집 거실, 화장실 / 새벽

흥수 안방으로 가는데 화장실에서 빛이 새어 나온다.
슬쩍 문을 열어보면... 바닥에 쓰러져 있는 명숙, 변기에 시꺼먼 피를
토해놓았다. 사색이 되어 뛰어 들어가는 흥수.

> **흥수**   엄마! 엄마! 괜찮아? 정신 좀 차려봐, 엄마!

얼른 휴대폰을 가지고 와서 119에 전화를 건다. 울음을 참으며

> **흥수**   여보세요? 빨리 좀 와주세요! 엄마가... 우리 엄마가...
> 피를...

갑자기 말을 멈추는 흥수. 킁킁 냄새를 맡더니...

> **흥수**   ... 복분자?!
> **(구급요원)**   네? 뭐라고요? 복부 자상이요?
> **흥수**   엄마 복분자주 마셨어?

그러자 명숙이 벌떡 일어나 비틀거리며 화장실을 나간다. 황당하게 남겨진
흥수.

> **(구급요원)**   여보세요? 여보세요? 거기 위치가 어디죠?
> **흥수**   아...아닙니다. 죄송합니다.

#104. 흥수의 집, 거실 / 새벽

식탁에 앉아 안도의 한숨을 쉬는 흥수. 어이없는 웃음... 식탁 위에 놓인
명숙의 가방 주머니에 영화표가 삐져나와 있다. 호기심에 꺼내보는 흥수.
반으로 접힌 영화표를 펼쳐보면...'콜 미 바이 유어 네임'이다.
순간 흥수의 입술 사이로 낮게 터져 나오는 숨. 흥수...
어떤 표정을 지어야 할지 모르겠다.

#105. 식당 / 저녁

좌식 테이블에 앉아 회식 중인 동료들. 재희 연신 혼자 소주를 따라
마시는데, 누군가의 얘기에 빵 터지는 동료들.
손등으로 입을 가리고 웃는 남자 직원을 보고

        민준   영우 씨, 그렇게 웃지 말라니까. 게이 같애.

술잔을 탁! 내려놓는 재희.

        재희   게이 같은 게 뭔데요?
        민준   아... 농담이었는데...
        재희   왜 그런 농담을 하시는데요? 게이가 어때서요? 게이면
                어때서요?
        동료1   재희 씨 취했어? 영우 씨도 그냥 웃는데 왜 그래?
        재희   웃는다고 다 괜찮은 거 아니에요. 어색해지는 게 싫어서,
                화내는 방법을 몰라서... 그냥 웃어버리는 사람도 있어요.
                바보같이...
        동료2   뭐야... 혼자 계속 진지할 거야? 왜 사소한 거에 목숨 걸고
                그래?
        재희   왜 사소한 거에 목숨 거냐고 하지 말고! 그냥 쫌... 쟤한텐
                저게 목숨 같나보다 하시면 안 돼요?

직원들 할 말을 잃고 쳐다보는데... 소주를 한 잔 따라 마시고 일어서는 재희.

재희 먼저 가보겠습니다.

굳은 얼굴로 앉아 있던 민준이 따라 일어난다.

민준 구재희 씨!

모두 긴장된 표정으로 민준을 보는데

민준 미안해요. 내가 적절하지 못한 말을 했네요. 앞으로
주의할게요.

정중한 사과에 오히려 당황하는 재희. 빤히 민준을 보다가 꾸벅 인사를 하고
돌아선다. 좁은 마루에 쪼그리고 앉아 구두 한 짝을 찾는데...
재희의 구두를 내미는 손, 민준이다.

민준 택시 잡아줄게요. 밤길에 여자 혼자 위험해요.
재희 (욱해서) 대리님이나 빨리 들어가세요! 남자들이
일찍일찍 집에 가면 여자 혼자 밤길에도 안전하지
않겠어요?

구두를 빼앗아 신고 쌩하니 가버리는 재희. 황당하게 쳐다보던 민준...
웃는다.

민준 ... 천잰데?

#106. (퀴어)인권단체 사무실 앞 / 저녁

쇼핑백을 든 흥수가 사무실 앞에 붙여놓은 포스터를 쳐다본다.

[내가 나일 수 있는 세상을 위해]

문이 벌컥 열리더니 한 남자가 나오다 흥수와 부딪칠 뻔한다.

> **남자** 아, 미안해요...

흥수에게 사과하던 남자, 흥수를 빤히 쳐다보더니 다시 사무실로 들어간다.
누군가에게 다가가 귓속말을 하는 남자.
그 누군가가 고개를 돌리면... 수호다.

> **수호** (돌아보며) 뭐야... 무슨 양조위?

흥수를 발견하고 놀라는 수호.

> **흥수** ... 안녕.

#107. (퀴어)인권단체 사무실 건물 앞 / 저녁

어색한 표정으로 수호가 내미는 커피를 받아 드는 흥수. 옆에 나란히 앉는 수호.

> **수호** 오랜만이네. 좋아 보인다.
>
> **흥수** 응...
>
> **수호** 그렇지 않아도 한 번 연락할까 했어. 나도 할 얘기가 있어서.
>
> **흥수** 그래? 뭔데?
>
> **수호** 넌 무슨 얘기 하러 온 건데?
>
> **흥수** ... 별로 중요한 건 아니야. 너 먼저 얘기해.

수호	나... 남자친구 생겼어. 아까 사무실에서 봤던.
흥수	어... 아... 잘됐다! 축하해.
수호	그냥, 너한테는 얘기하고 싶었어. 그래야 할 거 같더라고.
흥수	......

시선이 갈 곳을 잃어버린 흥수. 잠시 허둥대다가 들고 온 쇼핑백을 내민다.
수호가 쇼핑백 안에서 신발 상자를 꺼낸다. 〈Gucci〉다.
가만히 상자를 바라보는 수호.

흥수	갈게.

자리에서 일어나는 흥수. 뒤돌아보지 않고 걸어간다.

#108. 재희의 집 / 밤

냉동 블루베리 봉지를 들고 들어오는 재희. 불이 켜져 있고 현관에 남자
신발이 놓여있다. 반가운 마음에 얼른 방으로 달려가면... 지석이 앉아 있다.

지석	너네 둘 생일이더라, 비번이? 귀엽게...

놀란 얼굴로 난장판이 된 방 안을 보는 재희. 최대한 침착하게

재희	술 마셨어?
지석	내가 생각을 해봤어. 해봤는데... 그 새끼 게이 아니야. 바람 피워놓고 거짓말한 거지?
재희	취했어. 술 깬 다음에 얘기해.
지석	나 갖고 논 거잖아, 니들이! 아니야?

지석이 재희를 벽으로 밀치더니 멱살을 잡아 올린다.

공중에 다리가 뜬 채 버둥거리는 재희. 점점 벌게지는 얼굴...
숨이 쉬어지지 않는다.
죽을 것만 같은 순간, 바닥으로 툭 떨어지는 재희. 토하듯 숨을 뱉는다.

지석 괜찮아. 내가 다 용서해 줄게. 내가 너 사랑하니까.
 네 과거 다 용서해 준다고. 그러니까 다시 시작하자. 어?

지석이 손으로 재희의 턱을 들어 올린다. 재희, 지석을 똑바로 응시하며

재희 싫어.
지석 뭐?
재희 싫다고. 내 집에서 나가, 당장.

그러자 재희의 뺨을 후려치는 지석. 쓰러진 재희를 향해 마구 발길질을
해댄다.

지석 아오, 내가 다 용서해 준다잖아! 난 잘해보려고 애쓰는데
 왜 자꾸 네가 날 열받게 해!

그때, 재희의 가방에서 전화벨이 울린다. 흥수에게서 걸려 온 전화...
엎어진 채 속절없이 맞고만 있던 재희. 눈앞의 자궁 모형을 집어 지석에게
힘껏 던진다. 악! 소리를 내며 얼굴을 감싸는 지석.
그 틈을 타 바닥에 떨어진 지석의 휴대폰을 들고 뛰쳐나가는 재희.

#109. 버스정류장, 재희의 집 앞 교차 / 밤

버스 정류장에 앉아 있는 흥수. 씁쓸히 전화를 끊는데...
지석의 번호로 전화가 걸려 온다. 받을까 말까 고민하는 흥수.

전화를 걸며 계단을 뛰어 내려오는 재희. 건물 밖으로 나오는 순간

      (흥수)   여보세요?

우뚝 멈춰 서는 재희. 눈물이 핑...

      (흥수)   여보세요?
      재희   흥수야...

재희의 목소리를 듣자 벌떡 일어서는 흥수. 무슨 일이 생겼음을 직감한 듯

      흥수   어디야? 너 괜찮아? (서서히 표정 굳는다) 있지...
            파출소로 가. 내가 갈 테니까... 알았지? 재희야! 내가
            갈게. 내가... 지금 바로 갈게!

#110. 골목, 정류장 교차 / 밤

"응." 고개를 끄덕이며 전화를 끊는 재희.
눈물을 쓱 닦아내고... 사력을 다해 달리기 시작한다.

흥수, 다급하게 손을 흔들며 도로로 나온다.
그냥 지나가 버리는 택시. 애가 타는 흥수. 큰 도로 쪽을 향해 달린다.

어두운 골목을 맨발로 달리는 재희.
턱에 걸려 넘어지지만 곧장 다시 일어나 달린다. 절대 멈추지 않는 재희.
경적을 울리며 빠르게 지나가는 자동차들.
8차선 교차로를 거침없이 내달리며 택시를 향해 손을 흔드는 흥수.

#111. 파출소 / 밤

벽에 걸린 TV에서 축구 경기가 나오고 있다. 소란을 피우던 취객들 골이
들어가자 환호하는데... 재희가 뛰어 들어온다.
맨발에 찢어진 입술, 맞아서 시뻘게진 얼굴로 거친 숨을 몰아쉬는 재희.

#112. 택시 안 / 밤

뒷자리에 앉아 안절부절못하는 흥수.

　　　흥수　　기사님, 이쪽이 빨라요! 여기로 들어가 주세요!

택시가 상가 골목으로 들어간다.
그때, 불 꺼진 C bar로 들어가는 지석을 발견하는 흥수.

　　　흥수　　기사님! 스톱! 스톱!

#113. C bar 앞 / 밤

택시에서 내린 흥수가 가게로 들어가려는데 문이 잠겨있다.

　　　흥수　　(주먹으로 문을 두드리며) 김지석 나와! 나와, 씨발 새끼야!

두리번거리다 버려진 의자를 가져오는 흥수. 지체 없이 의자로 유리문을
깨부순다. 지나가던 사람들이 놀라 비명을 지른다.

#114. 파출소 / 밤

의자에 앉아 있는 재희. 순경이 다가와 따뜻한 차를 건넨다.
그때 문을 열고 흥수가 들어온다.

재희, 엉망인 몰골에 수갑까지 차고 한쪽은 맨발인 흥수를 보고 놀라는데...
재희를 보자 눈시울이 뜨거워지는 흥수. 애써 눈물을 삼키며

> **흥수**　씨... 왜 비 맞은 병아리처럼 그러고 있어, 짜증 나게!
> **재희**　너는 왜...?

흥수 뒤로 마찬가지로 엉망으로 얻어터진 지석이 순경에게 끌려 들어온다.
수갑 찬 손으로 흥수를 가리키며

> **지석**　이 씹새끼 바로 고소합니다. 저 변호사예요!

CUT TO.

나란히 앉아서 진술서를 쓰는 재희와 흥수, 지석.
뒤쪽에서 흥미진진하게 듣는 취객들.

> **지석**　글쎄 얘네 둘이 홀딱 벗고 딱 붙어 있는 거예요!
> 자기 여자가 딴 남자랑 몰래 동거를! 것도 몇 년씩이나
> 감쪽같이 속았는데 빡치지 않을 남자가 어디 있습니까?
> 예? 속인 것도 모자라서 폭행까지 했다고요, 이렇게!
> 현장을 딱 들켰는데 얘가 뭐랬는 줄 아세요? 그냥
> 친구래요. 쟤가 게이래요, 게이!

취객들과 순경들이 흥수를 쳐다본다.

> **지석**　야, 네가 게이면 게이라는 증거를 대봐.
> 남자랑 섹스하는 사진이라도 내놓으라고!

흥수가 욱해서 일어나려는 걸 재희가 말린다. 뒤에서 취객들, 웅성거리며
"억울하겠네!" "증거 필요하지." "내놔!" 지석 편을 드는데

순경   어허, 조용히들 하세요! 그쪽도 앉으시고. 그러니까
여자친구분이 이 남자분이랑 몰래 동거를 하고 있었는데,
게이라고 거짓말을 하고 폭행까지 했다는 거죠?
이 분 말이 사실이에요?

취객들 웅성웅성... 재희가 걱정스러운 얼굴로 흥수를 본다. 주먹을 꼭 쥐는
흥수.

재희/흥수   (동시에) 네, 제가 쌍년이에요! / 저 게이 맞아요!

서로를 보는 두 사람. 흥수 진심으로 화가 나는 듯

흥수   구재희. 네가 왜 쌍년이야?

재희   ...!!

흥수   나 게이 맞고요, 재희랑 친구 맞아요. 세상에서 얘가
날 제일 잘 알고! 내가 얠 알아요! 내가 아는데! 재희
그런 애 아니에요. 내가 아는 사람 중에 얘가 제일
멋있고! 우리! 우리 엄마도 아는 찐베프예요. 베프끼리
같이 살 수 있잖아요. 서울에 방세가 얼만데!

재희   흥수야...

흥수   남들 눈에는 우리가 이상하다는데요, 우린 하나도 안
이상해요. (재희에게) 우리가 이상해?

재희   아니, 전혀!

재희가 흥수의 손을 잡는다. 그 손을 힘주어 잡는 흥수.
단단하게 서로를 바라보는 두 사람. 취객들 중 한 명이 박수를 치기
시작한다.

취객1   브라보!

괜히 따라서 박수 치는 취객들.

#115. 병원, 응급실 / 밤

잔뜩 긴장한 얼굴로 심호흡을 하는 흥수.
재희가 침대에 누워있고, 의사가 찢어진 입술에 마취 주사를 놓으려 한다.

> **흥수** 선생님, 마취하면 안 아파요?
> **의사** 주사가 좀 따끔하실 거예요.

다시 놓으려는데

> **흥수** 선생님, 예쁘게 꿰매 주세요. 흉터 안 남게요, 네?

의사와 재희가 성가신 표정으로 쳐다본다.

> **흥수** 우리 재희 성격 더러워서 얼굴이라도 깨끗해야 된단
> 말이에요!

결국 주사기 내려놓는 의사.

> **의사** 1분 드릴게요. 궁금한 거 지금 다 물어보세요.
> **재희** 키스는 언제부터 할 수 있어요?
> **흥수** ... 마취 없이 해주세요, 선생님.

#116. 응급실 앞 / 밤, 눈

의자에 나란히 앉아 담배를 무는 재희와 흥수. 흥수는 콧등에 커다란
반창고를 붙이고 손에 붕대를 감았고, 재희는 입술을 꿰매고 한쪽 발에

반깁스를 했다. 흥수가 힘겹게 말보로 라이터를 꺼내자, 재희가 대신 불을
붙여준다.

> **재희** 진즉에 네 말 들을걸... 난 진짜 왜 이 모양이냐...
> **흥수** 그게 너야. 겁 없이 부딪치고 산산이 부서지는... 그래도
> 다시 웃는... 세상에서 제일 속없는 기지배.
> **재희** 칭찬을 욕처럼 하고 그래...
> **흥수** 구재희, 네가 너인 게 네 약점이 될 순 없어.

두 사람 서로를 보며 미소 짓는다. 아픈지 동시에 얼굴을 찌푸린다.
그 모습에 또다시 웃는데... 한참을 웃던 흥수, 왈칵 붉어지는 눈시울...

> **흥수** 재희야... 수호가 떠났다.
> **재희** ?
> **흥수** 남자친구 생겼대.

재희가 말없이 흥수를 바라본다.

> **흥수** 난 걔가 그냥 그 자리에 있을 줄 알았어. 언제든 내가
> 부르면 달려오니까... 그래서 한 번도 말해 본 적이 없어...
> 보고 싶다고. (픽) 보고 싶은데...
> **재희** 울어, 바보야. 울어도 돼.
> **흥수** 뭐래...

재희가 흥수를 안아준다. 재희의 어깨에 얼굴을 묻는 흥수. 참았던 울음이
터져 나온다. 꺽꺽 소리를 내며 서럽게 우는 흥수. 가만히 토닥이는 재희.
한참을 그렇게 기대어 앉은 두 사람 위로 눈이 내린다.

FADE OUT.

#117. 노래주점 / 저녁

구성진 트로트로 회식의 흥을 돋우는 직원들. 잠시 후, 직원들을 앉혀놓고
일장 연설을 늘어놓는 부장.

> **부장**　요즘 신입들 말야. 취업에 에너지를 다 불살라서 말야.
> 정작 입사하고 나서는 태울 에너지가 없어. 워라밸이나
> 찾아대고 말야. 나 때는 말이야-

그때, 부장의 멘트를 끊고 울려 퍼지는 샹송. ♪*Non, Je Ne Regrette Rien.*
Non, Rien De Rien, Non, Je Ne Regrette Rien♬ 마이크를 잡고 에디트
피아프의 'Non, je ne regrette rien'를 열창하는 재희. 멍하니
쳐다보던 부장이 민준의 귀에 대고 속삭인다.

> **부장**　나 쟤 싫어.

#118. 노래주점 앞 / 저녁

술기운이 오른 얼굴을 두 손으로 감싸며 나오는 재희. 주점 앞에서 민준이
누군가와 통화 중이다.

> **민준**　부장이 싫어할 만하지. 회사에서 별명이 오사구야,
> 오사구. 오늘만 사는 구재희.

자신의 이름이 나오자 멈춰 서는 재희.

> **민준**　아이씨... 예쁜데, 멋있기까지 해. 너무 좋아. 어떡하지?

민준 웃으며 돌아서다가 뒤에 서 있던 재희와 눈이 마주친다.
술기운에 상기되어 있던 민준의 얼굴이 한층 더 빨개진다.

자막 **33**

집 곳곳에 쌓여 있는 이삿짐 상자들. 흥수는 거실에서, 재희는 방 안에서
재희의 짐들을 차곡차곡 상자 안에 넣고 있다.

> 흥수 왜? 왜 하고많은 미친 짓 중에 결혼인데?
>
> 재희 3년 넘게 연애하니까 이제 할 게 결혼밖에 없던데?
>
> 흥수 와... 너 그래서 저번부터 동기 모임마다 그렇게 열심히
>   쫓아다닌 거냐?
>
> 재희 얘기했잖아. 난 할 수 있는 건 다 해 볼 거라고.
>
> 흥수 (익숙한 듯 동시에 따라 하는) 할 수 있는 건
>   다 해 볼 거야. 그래 그건 알겠는데 그래도 결혼은 /
>
> 재희 (비명) 꺄악!
>
> 흥수 (방으로 뛰어가며) 왜? 왜? 다쳤어?

재희가 엉클어진 옷더미 사이에서 융 드레스를 집어 보여준다.
흥수, 피식 웃자 재희도 따라 피식. 어느새 마주 보며 깔깔거리는 두 사람.
재희가 융 드레스를 쓰레기통에 던져 넣는다.

> 흥수 그래서... 그 형한텐 네가 1순위인 거야?

재희, 잠시 생각하다 뭔가 말하려는데... 주방 쪽에서 휴대폰 벨이 울린다.
뛰어가 발신자 '민준'을 확인한 재희의 얼굴에 따뜻한 미소가 피어난다.

> 재희 (전화받으며) 어, 자기야. 짐 정리하고 있지.

응, 괜찮아. 흥수가 도와주고 있어.

민준과 통화하는 재희를 바라보는 흥수. 창 너머 파란 하늘을 배경으로
환하게 웃고 있는 재희. 그런 재희를 물끄러미 바라보던 흥수의 얼굴에도
진심 어린 미소가 떠오른다.

#120. 재희의 집 / 밤

꽤 정리된 이삿짐들. 흥수가 자궁 모형을 들고 쓰레기통을 가리킨다.

> **흥수** 이제 버린다?
> **재희** 아 어떡해. 너무 정들었는데.
> **흥수** 미쳤냐? 가짜 자궁하고 무슨 정이 들어?

쓰레기통에 자궁 모형을 수셔 넣는 흥수. 쓰레기통이 작아서 들어가지
않는다.

시간경과.

이삿짐 상자들을 쌓아놓고, 나란히 누워 마스크팩을 하는 두 사람.
두 사람 머리 위에 얌전히 놓여 있는 자궁 모형.

> **흥수** 아니다 싶으면 다시 돌아와.
> **재희** 알았어, 아니다 싶음 냉큼 돌아올게. (잠시) 흥수야,
> 나 잘할 수 있겠지?
> **흥수** 그걸 왜 나한테 물어?
> **재희** 내가 나는 못 믿어도, 너는 믿잖아.
> **흥수** ... 선물 뭐 받고 싶은 거 없냐? 월급이 통장을 스쳐 가기
> 전에 말해.
> **재희** 음... 이 집 계약이 1년 정도 남았거든. 그때까지 안 빼려고.

홍수	왜?
재희	그 안에 뭐든 써보라고. 내가 받고 싶은 선물은... 네 소설이야.
홍수	야... 소설 놓은 지가 언젠데! 이제 뭘 써야 될지도 모르겠다.
재희	그냥 쓰고 싶은 거 써. 거창한 거 말고 그냥 네가 하고 싶은 얘기. 너 할 얘기 많잖아.
홍수	......
재희	누가 거저 살래? 잘되면 인세에서 5프로는 내가 먹을 거야! 너무 센가? 3프로? 2.5?

흥수가 어이없는 웃음을 터뜨린다.
다시 신나게 웃고 떠들다가... 어느새 잠이 들어버리는 재희.

홍수	야, 자냐? 자? 진짜... 가냐?

곤히 잠든 재희를 바라보는 흥수. 팩을 떼어주고, 이불을 덮어준다.
재희가 흥수의 어깨에 머리를 기댄다. 나란히 잠이 드는 두 사람.

#121. 예식장 / 낮

손을 잡고 나란히 동시 입장하는 재희와 민준. 흐뭇하게 지켜보는 흥수와
하객들.

지영	예쁘네.
계영	예쁘긴 하지.

옆에서 슬쩍 눈물을 닦으며 박수 치는 아영. 하객들의 환호와 박수가
쏟아진다.

CUT TO.

사회자 그럼 다음 순서로 축가가 이어지겠습니다.

사회자에게 다가온 민준이 마이크를 받아 들더니 하객들을 둘러본다.

민준 축가는... 재희의 가장 소중한 친구 장흥수 씨를
모시겠습니다.

일제히 흥수를 쳐다보는 동창들. 흥수 태연하게 앞으로 나간다.

철구 와우, 언빌리버블! 헐리우드 프렌드십, 와우!

긴장된 얼굴로 마이크를 잡는 흥수. 재희와 눈이 마주치자 터지는 웃음을
간신히 참는다. 뭐가 말하려는 듯 뜸을 들이는 흥수. 재희 한껏 기대하는데...

흥수 ... 잘 먹고 잘 살아라.

하더니 자세를 잡는다. 갑자기 시작되는 음악.
미쓰에이의 'Bad Girl Good Girl'. 뻔뻔하게 안무까지 하며 열창하는 흥수.

♪U don't know me U don't know me
so shut off boy so shut off boy
앞에선 한마디도 못 하더니 뒤에선 내 얘길 안 좋게 해 참 어이가 없어
Hello hello hello 나 같은 여잔 처음 본 것 같은데
왜 나를 판단하니 내가 혹시 두려운 거니
겉으론 bad girl 속으론 good girl
나를 잘 알지도 못하면서 내 겉모습만 보면서
한심한 여자로 보는 너의 시선이 난 너무나 웃겨♬

웃음과 경악으로 난리가 난 식장 안.
흥수, 숨넘어가게 웃는 재희를 보자 울컥한다.

> **흥수(소리)** 시집가는 딸내미가 입이 찢어져라 웃으면 그게 그렇게
> 꼴 뵈기 싫다더니...

흥수 마이크를 내려놓고 미간을 꼬집는다. 퍼포먼스인 줄 알고 자지러지는
하객들. 지켜보던 재희도 덩달아 울컥. 드레스를 잡고 달려가 대신 마이크를
잡는 재희. 남자 키에 맞추느라 엉망이 되는 노래. 보다 못한 흥수가 다시
합세하고... 함께 마이크를 잡고 노래하는 두 사람.

> **흥수(소리)** 그때 그 순간 내 인생에 나타나 나를 알아봐 주고 기꺼이
> 서로의 상처를 함께하며, 의심 없이 전부를 내어준...
> 내가 사랑했던 순간들과 그때 내가 지었던 모든 표정을
> 기억하는... 내가 나인 채로도 충분하다는 것을 알려준...
> 내 이십 대의 외장하드.

단체 촬영에서 당당하게 부케를 받는 흥수.
재희가 양옆에 흥수와 민준의 팔짱을 끼고 환하게 웃는다.

> **흥수(소리)** 잘 가라, 재희야.

#122. 재희의 집 / 낮

휑해진 집 안. 부케를 들고 들어오는 흥수.
새로 들인 커다란 책상 위에 부케를 올려놓는다. 냉장고에서 생수를 꺼내다
문득 냉동실을 열어보면 냉동 블루베리와 말보로 한 갑이 들어있다.
블루베리 봉지를 꺼내자 빈 봉지에서 툭 떨어지는 얼음 알갱이. 서서히
녹아가는 보라색 얼음을 바라보는 흥수... 입가에 씁쓸한 미소가 번진다.

잠시 후, 노트북 앞에 앉아 있는 흥수. 옆에는 자궁 모형이 놓여있다.
빈 한글 화면을 가만히 바라보다 첫 문장을 쓴다.
'집착이 사랑이 아니라면 난 한 번도 사랑해 본 적이 없다.'
진지하게 글을 써내려가는 흥수. 얼마나 지났을까...
전화벨이 울리고 '재희'의 이름이 뜬다. 얼른 전화를 받으면

재희	흥수야...
흥수	야, 뭐야. 너 아직 안 갔어?
재희	아까 말한다는 걸 깜박해서... 너 소개팅 할래?
흥수	뭐?
재희	형사 어때?
흥수	범인보다야 낫지.
재희	오케이! 그럼 날짜 잡는다. 야, 나 비행기 타야 돼!
	이따 톡 할게!
흥수	어, 그래. 잘-

툭 끊기는 전화. 뭐야... 다시 글을 쓰려다 풉! 웃음이 터진다.
고개를 절레절레 흔들며 웃다가 다시 집중하려 크게 숨을 들이쉬는데...
또다시 터지는 웃음.

      흥수   아... 구재희 진짜... 그래, 잘 다녀와라.

방 안에 타닥타닥 경쾌한 키보드 소리가 울린다.

스토리보드

18C	강의실 (덕성여대 차미리사 136호)	D	L	E	봄
	재희, 퇴실하다 교단으로 가 티셔츠를 들어올린다.	2010. 4.16	13년전 과거	10:10	26 CUT

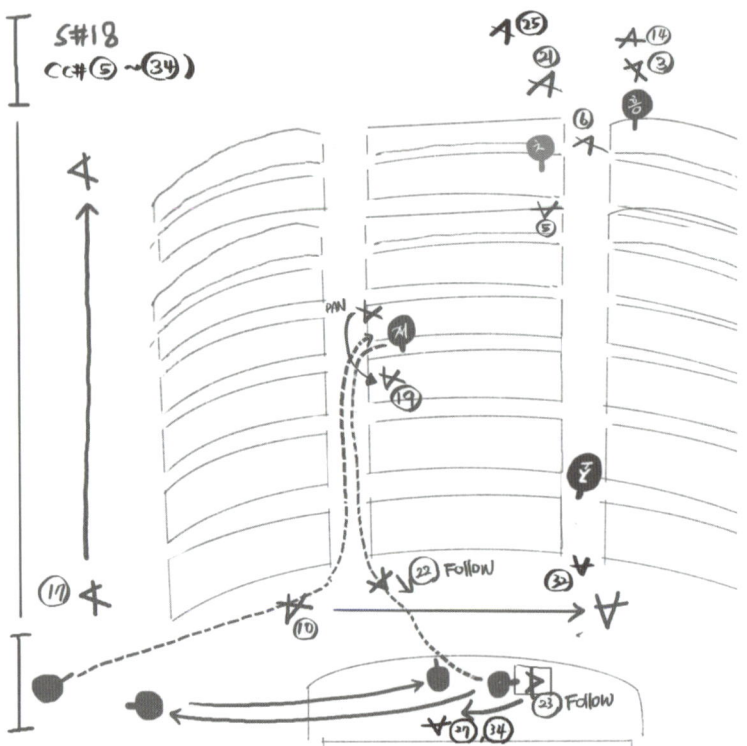

18C	강의실 (덕성여대 차미리사 136호)	D	L	E	봄
	재희, 퇴실하다 교단으로 가 티셔츠를 들어올린다.	2010. 4.16	13년전 과거	10:10	26 CUT

C# 1

TOP) 학생들 Trucking -> END) 홍수

"야, 걔 안 왔다?" "쪽팔려서 오겠냐?"
"진짜 가슴녀 걔 맞나봐." 등의 소곤거림 들린다.

조교가 시험지를 나눠주고 학생들이
차례로 시험지를 뒤로 넘기는데.

C# 2

라이터 O.S 홍수 B.S

홍수, 라이터를 보며 마음이 무거워진다.

앞에서 시험지를 나눠주자 라이터를
호주머니에 넣는 홍수.

C# 3

강의실 문밖 강의실로 들어가는 재희

강의실로 들어가는 재희.

C# 4

홍수 B.S

홍수, 들어오는 재희를 본다.

18C	강의실 (덕성여대 차미리사 136호)	D	L	E	봄
	재희, 퇴실하다 교단으로 가 티셔츠를 들어올린다.	2010. 4.16	13년전 과거	10:10	26 CUT

C# 5

홍수 O.S 재희 F.S

문이 벌컥 열리고 모자를 눌러쓴 재희가 들어온다. 자다 나온 차림새에 팔목에는 미처 떼 버리지 못한 클럽 팔찌들.

시선에 아랑곳하지 않고 시험지를 들고 자리에 앉는 재희.

C# 6

홍수 POV –재희 뒷모습

자리에 앉아 시험치는 재희.

C# 7

홍수 B.S

홍수, 마음이 놓인 듯 시험을 보기 시작한다.

C# 8

F.S Trucking

조용히 시험 보는 재희와 학생들.

C# 9

학생들의 시험지 INSERT

학생들의 시험지.

C# 10

학생들 -> PAN / TRUCKING

학생들은 시험을 치다가도 재희를 흘끗본다.

-> 재희 B.S TRUCKING

시험치는 재희.

C# 11

재희의 시험지 INSERT

재희의 시험지.

C# 12

재희 후측면 W.S

잠시후, 재희는 답안지를 챙겨 일어난다.

18C	강의실 (덕성여대 차미리사 136호)	D	L	E	봄
	재희, 퇴실하다 교단으로 가 티셔츠를 들어올린다.	2010. 4.16	13년전 과거	10:10	26 CUT

C# 13

재희 정면 Follow (문으로 간다 까지 촬영)

교단으로 가 답안지를 제출하는 재희.

C# 14

재희 뒷모습 Follow (문으로 간다 까지 촬영)

강의실을 나가려는데 누군가 휘파람을 분다.
여기저기 키득대는 소리 들린다.

조교   조용!

C# 15

강의실 문고리 – 재희 손 IN and OUT

나가려던 재희.
그런데 재희가 다시 문을 닫더니

C# 16

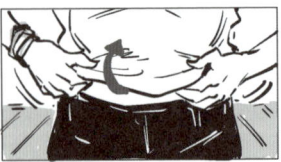

재희 정면 F.S
(재희 옷 들어올리려는 액션까지 촬영)

교단 앞에 선다.
모두 왜 저래? 하고 쳐다보면...
갑자기 티셔츠를 들어 올리려는데.

C# 17

옷을 올리는 재희의 손 타이트

티셔츠를 들어 올리는 재희!

18C	강의실 (덕성여대 차미리사 136호)	D	L	E	봄
	재희, 퇴실하다 교단으로 가 티셔츠를 들어올 린다.	2010. 4.16	13년전 과거	10:10	26 CUT

C# 18

재희 Frame IN 부터 – 재희 Back W.S

교단 앞에 서서
갑자기 티셔츠를 들어 올리는 재희!

C# 19

재희 C.U

재희 **딱 봐. 점 없고, 꽉 찬 C!**

C# 20

학생들 M.S (반응샷)

놀란 남학생들과 여학생들.
순간 여기저기 볼펜이 떨어지고.

C# 21

학생들 M.S (반응샷)

놀란 여학생들과 재희의 시선을 피해 황급히
눈을 내리까는 남학생들.

C# 22

철구 B.S

놀란 철구.

18C	강의실 (덕성여대 차미리사 136호)	D	L	E	봄
	재희, 퇴실하다 교단으로 가 티셔츠를 들어올린다.	2010. 4.16	13년전 과거	10:10	26 CUT

C# 23

조교 M.S (반응샷)

놀란 조교와 학생들.

C# 24

재희 C.U

재희　　　**발.....**

C# 25

재희 Frame OUT

재희는 옷을 내리고 문을 쾅! 닫고 나가버린다.

-> 교실 F.S

강의실에 무거운 침묵이 흐른다.

C# 26

홍수 B.S

픕! 혼자 웃음이 터지는 홍수.
입술을 꾹 깨물어보지만 자꾸 새어 나오는 웃음.

자리에서 일어난다.

164

19	대학교 인문대앞 – 강의실3 안	D	L	E	봄
	재희 담배에 불을 붙여주고 술 마시러 가자는 흥수.(INSERT) 책상에 해독한 초성글자 보인다	2010. 4.16	13년 전 과거	10:30	12 CUT

S#19A
((대①-③))

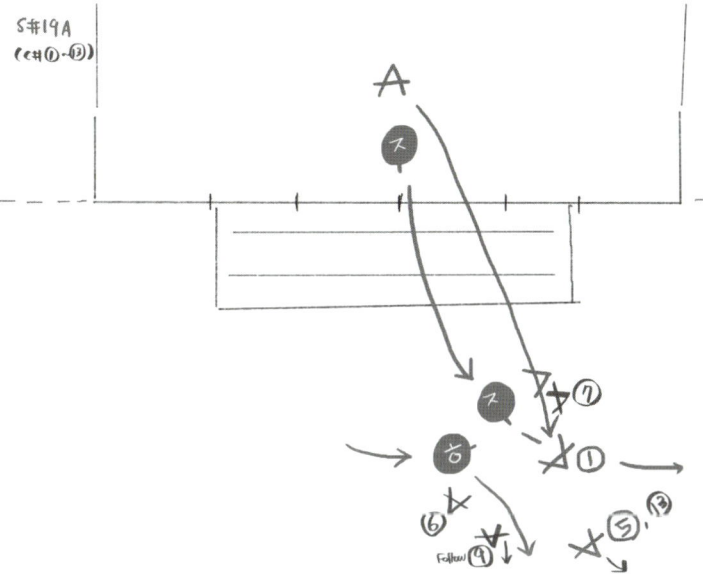

C# 1

TOP) 재희 BACK Follow

END) 카메라 180도 돌아서 재희 앞으로

덤덤한 얼굴로 걸어 나오는 재희.
허리를 훅 숙이더니 참았던 숨을 뱉는다.

C# 2

TOP) 담배를 꺼내는 재희 손 C.U
       -> Tilt UP

덜덜 떨리는 손으로 담배를 꺼내는 재희.

END) 재희 측면 C.U

담배를 입에 물려다 떨어뜨린다.

C# 3

재희 Tight F.S

떨어진 담배를 줍는 재희.

간신히 담배를 물면 이번엔 라이터가 없다.

C# 4

재희 B.S -> 홍수 손 IN

금방이라도 눈물이 터질 것 같은데...
말보로 라이터로 불을 붙여주는 손.

19	대학교 인문대앞 – 강의실3 안	D	L	E	봄
	재희 담배에 불을 붙여주고 술 마시러 가자는 홍수.(INSERT) 책상에 해독한 초성글자 보인다	2010. 4.16	13년 전 과거	10:30	12 CUT

C# 5

재희, 홍수 K.S

보면, 홍수다.

C# 6

홍수 O.S 재희 B.S

놀란 눈으로 쳐다보는 재희.

C# 7

재희 O.S 홍수

홍수   **(자신의 담배에도 불을 붙이더니)**
                술이나 먹으러 가자.

C# 8

홍수 O.S 재희 B.S

재희. 눈꼬리를 쓱 닦으며 웃는다.
따라 웃는 홍수.

C# 9

고속   정면 Follow

나란히 담배를 물고 걸어가는 두 사람.

19	대학교 인문대앞 – 강의실3 안	D	L	E	봄
	재희 담배에 불을 붙여주고 술 마시러 가자는 홍수.(INSERT) 책상에 해독한 초성글자 보인다	2010. 4.16	13년 전 과거	10:30	12 CUT

C# 10

고속　재희 단독

웃으며 걸어가는 재희.

C# 11

고속　홍수 단독

웃으며 걸어가는 홍수.

강의실3 안

C# 12

TOP) 철구 책상 F.S에서 Track IN
END) 글자 타이트 PAN

인서트) 텅 빈 강의실 안, 철구 책상 위에
적힌 자음에 점점 CG로 해석이 써진다.

'쥐 좆 만 한 것 들 이 지 랄 하 네'

홍수(소리)　훗날 프랑스어문학과의
전설이 된 '구재희의 난' 이후
재희의 별명은 ㄱㅈㅎ에서
미친년으로 진화했다.

다시, 인문대 앞

C# 13

재희,홍수 Frame OUT

그 위로 둥- 둥- 강한 비트의 클럽음악 선행한다.

대담

서로가 존재해서 가능했던 이야기

참석
이언희 감독
김나툴 작가
쇼박스 정수진 CP
김혜성 PD

진행
김혜선
영화 저널리스트
웹매거진
한국영화 편집장

역시 시작이 중요하겠죠. 가장 먼저 소설을 읽은 이언희 감독님은 영화화를 위해 주변을 어떻게 설득하셨고, 김나들 작가님, 쇼박스 정수진 CP님과 김혜성 PD님은 어떻게 참여하게 되셨습니까?

이언희 감독

저도 그 과정이 궁금해요. 저는 소설을 읽고 제작사 고래와 유기농의 이정아 대표님에게 영화화 제안을 했죠. 그다음은 쇼박스 분들과 이정아 대표님이 만났을 거구요.

김혜성 PD

이정아 대표님이 쇼박스에 미팅 신청을 하셨어요. 저는 마침 그해 가장 재미있게 읽었던 소설이 『대도시의 사랑법』이어서 미팅에 들어가고 싶다고 자청했어요. 얘기를 들어보니, 이언희 감독님께서 관심을 표명하셨다고 하고 소설도 너무 좋아서 우리 회사에서 해보면 좋겠다고 생각했죠. 정수진 CP님도 재밌겠다고 하셔서 김나들 작가님을 섭외하게 된 수순이었습니다. 이 프로젝트에 관심 있어 하던 저희 팀 남다정 PD도 기획 초기에 합류했고요.

정수진 CP

김나들 작가님은 신인 작가일 때부터 눈여겨 봐왔거든요. 각본을 쓸 때 원작을 품으면서도 자기 개성을 뾰족하게 드러낼 수 있는 작가라고 여겼어요. 영문도 모르고 저에게 끌려와서 각색 작업을 하게 됐죠. 수고했다! (웃음)

김나들 작가

'낚였다'가 정확한 표현 같아요. 이미 계약된 다른 작품이 있어서 참여하지 못할 상황이었거든요. 정수진 CP님이 전화를 하시더니 "책 하나 보내줄 테니 읽어봐. 그중에 「재희」만 한번 읽어봐." 그러고는 잊을 만하니까 다시 연락이 와서 밥이나 같이 먹자는 거예요. 3시간 동안 밥만 먹다가 제가 너무 답답해서 "그 책 왜 보내주셨어요?"라고 물었죠. 정 CP님 특유의 심드렁한 말투로 "같이 한번 해보자는 거지." 하시는 거예요. "어떤 영화를 만드시려고요?" "미친년과 게이의 우정 이야기지 뭐." 순간, '재밌겠다!' 라는 생각이 들었지만 이미 계약이 된 상황이라 당연히 거절했는데……
"그럼 이언희 감독님을 한번 가볍게 만나보자"는 거예요. 그 가벼운 만남이 쇼박스 회의실이었어요. 어느새 제가 감독님과 이정아 대표님 앞에 딱 앉아 있더라고요. 그때 깨달았죠. 아, 나 이거 하는 거구나. 다행히 제작사에서 양해를 해주셔서 대도시 팀에 합류하게 되었어요.

정수진 CP
제가 원래 '거절을 거절하기'를 잘해요.
계속 밀고 가는 거죠.

이언희 감독
저는 김나들 작가님의 전작인 〈장르만 로맨스〉 각본을 먼저 봤는데요. 오랜만에 본 아름다운 각본이었어요. 국문과 출신답다고 할까요. (웃음) 맞춤법이 잘 정리되어 있고 문장이 정갈했어요. 바로 신뢰가 가더군요.

김혜성 PD
맞아요. 띄어쓰기가 아주. (웃음)

소설 『대도시의 사랑법』 속 단편 「재희」를 선택하신 것도 궁금합니다. 「재희」가 왜 좋으셨어요? 그리고 각색의 출발점은 어디였나요?

이언희 감독
당시에 청춘영화를 찍고 싶은 욕망이 생기던 시기였고, 제가 지금까지 영화를 만들면서 두 사람의 관계에 대해 관심이 많았어요. 이 영화가 결과적으로 청춘에 대한 이야기면서 두 명의 관계에 관한 이야기였죠. 저와 잘 맞아떨어졌어요.
그래서 처음부터 만들면 재미있겠다고 생각했던 것 같아요.

정수진 CP

저는 재희보다 흥수 쪽에 조금 더 이입이 되긴 했어요.
둘의 매력은 어떻게 보느냐에 따라서 다르죠. '미친년과
게이'로 표현할 수도 있지만 일상적인 보편성도 갖고 있다고
생각했어요. '너무 특이한 이야기만은 아닐 거야, 보편성을
건드릴 수도 있겠어'라는 생각이 들어서 좋았어요.

김나들 작가

정수진 CP님이 "미친년과 게이의 우정 이야기지" 하는 순간
너무 재미있을 거라는 느낌이 왔어요. 둘이 머리채 잡고
싸우는 장면이 떠올랐죠. 한국에서 남녀가 로맨스가 아닌
우정으로 만나는 영화가 있었나 싶었고, 이 기회가 아니면
이런 이야기는 다시 못 하겠다는 생각이 들었어요.

김혜성 PD

방종한 두 20대가 나오잖아요. (웃음) 저는 평소
여성이든 남성이든 뒤로 할 짓 다 하면서 앞에서는
안 그런 척하는 게 너무 싫었거든요. 섹스에 대한
얘기를 터부시하거나, 성적 욕망을 드러내는 건
천박하다고 생각하는 사람들 모습에 화가 많이 나
있었어요. 그런데 이런 방종한 인물들을 거리낌 없이
드러내 준 소설이 너무 좋았어요. 심지어 그 인물들을
무척 사랑스럽게 묘사하고 있어서 '스크린에서 보고
싶다'는 욕망이 컸죠.

김나들 작가

PD님이 계속 방종하길 원했는데, 어쩔 수 없이 약간 타협한
부분들이 있어요.

김혜성 PD

더 발랑 까져야 하는데! (웃음)

각본 작업에 돌입했을 때는 어떤 키워드가 중요했다고 할 수 있을까요?

김나들 작가

저는 우정이 중심이었어요. 두 친구가 어떤 공통점을 지니고 연대하는가에 대해 우정을 중심에 놓고 파생되는 이야기를 짰어요. 게이 남자사람친구에 대한 판타지를 충실히 따른다는 반응이 있던데, 저는 거기에 초점을 두지는 않았어요. 오히려 재희가 흥수에게 더 많은 도움을 주거든요. 정체성을 들킬 위기에서 구해주고, 집도 제공해 주고, 흥수를 비하하며 만나지 말라는 남자친구와 미련 없이 헤어지죠. 그래서 전반적으로는 조금 억울해요. (웃음)

정수진 CP

홍보 초반에는 '게이'라는 단어도 못 썼어요. 너무 세다는 반응들이 있어서요. '게이와 미친년이 만났다'라는 태그 라인도 홍보 중간 시점부터 사용할 수 있었죠.

김나들 작가

그런데 지난 6월 일본 개봉 홍보 팸플릿에 그 카피가 들어가 있길래 출발점이 다르다 싶었어요.

정수진 CP

국내 개봉 때는 모든 게 조심스러웠어요. 상업영화의 틀 안에서 이런 캐릭터를 주인공으로, 본격적으로 다루는 게 거의 처음이다 보니까 조심스러울 수밖에 없었죠. 상황은 알지만 어떤 시도를 할 수 있는 타이밍을 놓친 건 아닐까 하는 아쉬움이 있긴 해요. 그런데 조심스러운 상황이 아니었다면 또 뭐가 달랐을까 싶기도 하고. 모를 일이죠.

이언희 감독

저의 키워드는 우정보다는 성장이었어요. 줄곧 얘기했던 건 관계의 변화였고요. 그래서 한편으로는 재밌어요. 작가님은 이렇게까지 우정에 초점을 맞췄다는 게. 우정이라는 키워드가 제 연출 의도와 상관없다는 뜻이 아니에요. 우정도 중요하죠.
그런데 결과적으로 저는 서로 영향을 받으면서 성장하는
이야기를 계속해 오고 있다고 생각했어요. 그 차이가
흥미로워요.

김혜성 PD

저는 당연히 우정과 성장 둘 다 중요한 키워드라고
생각했고, 방종이라는 면에서는 아쉬웠어요. 재희와
흥수가 점점 순한 맛이 되어가는 것 같아서. (웃음)
이 영화의 엣지는 '솔직한 태도'라고 생각했기 때문에
조금 더 솔직한 모습들을 보여줬으면 좋겠다는
얘기들을 했던 것 같아요.

이언희 감독

주인공이니까 호감을 가지게 해야 하는데, 어느 적정선을
넘어서면 주인공이 응원받지 못할 거라고들 생각하더라고요.
〈대도시의 사랑법〉도 각본을 보고 그렇게 말하는 사람이
있었어요. 그분이 이렇게 물었어요. "감독님은 이 영화를
다 보고 나면 사람들이 재희를 어떻게 느꼈으면 좋겠어요?"
그래서 답했죠. "응원받았으면 좋겠어요." 제 말을 듣고
그분이 이러더라고요. "재희를요?" 그 반응이 오히려
신기했어요. 왜 재희를 응원하면 안 되나요? 사실 게이
캐릭터뿐만 아니라 낙태하는 여성이 나오는 청춘영화도
한국에서 잘 받아들여지기 어려울 거라고 예상했죠. 동거와
흡연도요. 배우들이 거절할 수 있는 이유가 될 수 있었어요.
과연 스타성 있는 배우를 캐스팅할 수 있을까 고민이었죠.

정수진 CP

그런데 우리가 처음부터 가장 원했던 김고은 배우가 수락을
해준 거죠. 사실 광고를 많이 하는 배우가 이런 역할을 할 수
있을지 염려되기도 했거든요. 김고은 배우의 매니지먼트도
우려했을 수 있고요. 그런데 그 세 가지 요소에 대해서 어떤

의견도 따로 받은 게 없어요. 김고은 배우도
"이건 좀 그런데요"라고 하는 부분이 없었고요.

이언희 감독

전 심지어 김고은 배우에게 괜찮은지 물어봤어요. 그랬더니
"그게 왜 문제가 돼요?"라고 얘기해줘서 너무 고마웠죠. 제가
또 많이 고민했던 게 있어요. 극 중에서 클럽에 있던 재희가
낯선 남자에게 위험해 보이는 술잔을 받잖아요.
무슨 일이 있었을지 모르는 듯한 뉘앙스가 있다는 것
때문에 의견이 분분했어요. 왜 꼭 무슨 일을 당하는 것처럼
보여야 하느냐. 그 반대로 '원나잇' 자체를 꼭 설명을 해야
하느냐 등등.

김혜성 PD

제작 초기에 재희에 대해서 대화를 나눌 때,
소설에서는 그냥 섹스를 좋아하는 청춘인데 과연
영화에서도 그렇게 다룰 것인가를 얘기했어요.
이 캐릭터에 관객이 호감을 가져야 하고 아직까지
보수적인 관객이 많으니, 재희는 사랑에 항상
진심이라는 쪽으로, 즉 섹스보다는 사랑과 연애에
몰입하는 식으로 치환해 주려고 했던 것 같아요.
더 많은 사람들이 편하게 보게 하기 위해서요. 더불어
'원나잇'에 대한 태도를 어떻게 할 것인가를 두고
조심스럽게 접근했던 것 같아요.

이언희 감독

그 신에서 재희가 '나 오늘 정말 화나니까 완전 망가질 거야'
하는 감정으로 갈 수도 있는 거라고 생각하거든요. 그건
작가님이 아니라 제가 쓴 장면인데, 그래서 그 신을 찍을 때
끝까지 계속 고민했어요.

김나들 작가

재희에 관한 부분이 각본을 쓸 때 가장 힘든 부분이긴 했어요.

흥수에 대해서는 "흥수 왜 이래요?" 이런 질문이 하나도
없는데, 재희한테만 질문이 쇄도하는 거죠. "재희는 왜
결혼을 해요?" "재희는 왜 그렇게 열심히 화장을 하고 자기를
꾸미죠?" "재희 부모님은 어떤 사람들이에요?"

이언희 감독

"재희는 왜 부자예요?"라는 것까지 있었죠.

김나들 작가

왜 이렇게 재희에게만 질문이 쏟아질까 생각했어요. 흥수가
상징하는 건 차별이고 재희가 상징하는 건 편견이거든요.
차별은 명확하잖아요. 하면 안 되고 나쁜 거고.
편견은 각자의 기준이 너무 달라요. 누군가에게는 재희가
결혼하는 게 타협이나 변절처럼 보이기도 하는 거죠. 그리고
제가 본 가장 당황스러웠던 리뷰가 재희가 화장을 하는 게
'꾸밈 노동'이라는 거였어요. 여성의 자기 주체적인 즐거움을
전혀 인정하지 않는 느낌이었죠. 화장으로 자신을 표현하는
건 20대 여성으로서 당연히 누릴 수 있는 즐거움 중 하나인데,
누군가는 이 행동을 남성화된 사회에 보여주기 위한 노동으로
인식하는 거잖아요. 놀랍기도 하고 한편으로는 그 차이가
흥미로웠어요. 또 의도적으로 재희의 부모님을 등장시키지
않았어요. 재희의 자유분방한 성격은 부모 때문일 거라는
이유를 만들게 될까 봐요.

이언희 감독

제가 그래도 재희 부모님 얘기를 한번 넣어보자고
우겼는데요. (웃음) 이유는 딱 하나였어요. 주인공성
때문이었죠. 흥수는 엄마도 있고 흥수를 둘러싼 얘기가
확실해서 주인공으로 보이는데, 재희는 의도적으로 그런 걸
안 보여주려고 하다 보니까 오히려 '되게 센 언니' 타입의
조연 캐릭터처럼 보일 수 있겠다 싶었어요. 주인공성이
안 생기는 게 아닐까 고민했죠. 영화가 만들어진 이후에 그런

이야기를 거의 듣지 못해서 정말 다행이라고 생각했어요.
꾸밈 노동과 더불어 우리가 고민했던 또 다른 부분은 재희가
강의실에서 상의를 올려 가슴을 노출하는 장면이었어요.
그에 대한 리뷰도 있었고. 재희가 저항의 의미로서 꼭 가슴을
보여줘야 하느냐는 거였죠.

> **김나들 작가**
>
> 각본을 쓸 때는 '그래, 너희들이 설령 내 가슴을 봤다 한들 그게
> 뭐? 그래서 내가 어떻게 된다는 건데?'라는 의미로 상의를
> 들어 올려서 가슴을 노출시키는 거였어요. 결국 그들이 원하는
> 걸 보여줘 버린 게 아니냐는 평이 있더군요. 그것도 아주 틀린
> 말이라고 할 수는 없는데요. 그 신에서의 재희는 거리낌 없이
> '그래, 뭐 어쩌라고!' 하는 느낌이 중요했던 거죠.

이언희 감독

그래서 그 뒤에 감정을 넣었어요. 강의실을 나간 이후에.
강의실 안에서는 애들 앞에서 당당했지만 말이죠. 재희가
그럴 수밖에 없는, 그 시선이 중요한 거잖아요.

> **김나들 작가**
>
> 네. 재희가 강의실을 나와서 손을 덜덜 떨면서 담배를
> 피우죠. 재희는 모든 게 아무렇지도 않은 아이가 아니라
> 우리와 똑같은 감정을 느끼는 친구고, 재희도 그 순간 얼마나
> 무섭고 수치스러웠을지 관객이 느끼면 좋겠다고 감독님이
> 말씀하셔서 그 장면이 강의실 장면 뒤에 들어갔어요.

재희 캐릭터를 위한 많은 보호, 보완 장치가 있었다고 할 수 있겠네요.

이언희 감독

네. 정말 힘들었어요. (웃음)

김나들 작가

이 영화의 각본을 쓰면서 저에게 가장 중요했던 건 재희가
자신에게 닥치는 일을 오롯이 혼자 감당하고 해결한다는
거였어요. 낙태도 본인이 결정해서 간 거고, 흥수는 같이
가 준 거잖아요. 남자친구 지석에게 폭행을 당하는 순간에도
단호하게 "싫어. 내 집에서 나가, 당장"이라는 말을 하고,
반려자궁 모형으로 지석을 치고 도망 나오는 것까지 혼자
감당하거든요. 그런데 이 작품을 굉장히 좋게 본 리뷰에서조차
흥수가 위기 때마다 재희를 '구해준다'고 생각하는 것만큼은
조금 속상했어요. 흥수는 재희 곁에 있어주고 위로가 되어준
거지, 문제를 해결해 준 사람이 아니거든요. 만약 똑같은
장면에서 재희 곁에 흥수 같은 남자가 아닌 여자친구가
있었다고 생각하면 과연 '구해준다'는 표현을 썼을까 싶어요.

이언희 감독

재희 집을 엿보던 변태가 등장하는 장면에서도 흥수가 와서
주먹으로 치게 할지 재희가 해결하게 할지 고민을 했어요.
흥수가 주먹으로 치는 걸로 했다가 뺐죠. 그런 요소들을
빼려고 노력한 거예요. 제가 처음부터 저에게 있어서
이 영화의 키워드는 성장이라고 얘기했던 게, 재희와 흥수
둘의 관계도 중요하지만 결국은 내 인생을 내가 끌고 나가는
게 중요하다고 생각했기 때문이에요. 그래서 저도 그런
리뷰를 볼 때 약간은 속상한 면이 있었던 것 같아요.

김나들 작가

이건 우리가 재희 때문에 쏟아지는 질문들로 인해서 힘들었던
것과 일맥상통하는 얘기인 것 같아요. 한국에서 여성을 보는
시선은 아직도 어쩔 수 없는 게 있구나, 수동적으로 보는구나,
하는 생각이 들었어요. 흥수와 관련한 스토리 라인은 거의
수정된 게 없어요. 에피소드가 조금 바뀌는 정도였죠. 그런데
재희는 수도 없이 바뀌었어요. 클럽 앞에서 아빠와 아빠의

젊은 애인과 마주치는 장면도 있었죠. 그렇게 2고를 쓰고 나서
감독님이 과감하게 빼자고 하셔서 너무 좋았죠.

이언희 감독

이건 아니다 싶게 써 오셨잖아요. (웃음) 재희는 이것저것
실험을 많이 했어요. 원작에 없는 에피소드가 많아요. 물론
흥수도 소설과 라인이 달라지기도 했고.

김혜성 PD

영화에서의 흥수는 고민이 많고 순애보에 가까운 게
소설과는 많이 다르죠.

정수진 CP

그래도 박상영 작가님은 본인이 생각했던 흥수의 상이
영화에서 잘 그려졌다고 얘기하시긴 했어요.

이언희 감독

초반 모니터링 편집본 시사 때 어떤 분이 이런 말을 했어요.
소설을 너무 좋아해서 영화로 만든다는 얘기에 많이 실망할
각오를 하고 왔는데 소설과 똑같더라고요. 생각해 보면
소설을 재밌게 본 사람들이 영화를 위화감 없이 봤다는
거잖아요. 다행이라고 김나들 작가님에게 말한 기억이
있어요.

**재희와 흥수 캐릭터에 대한 이야기와 연결해서 배우들의 연기를 떠올리지
않을 수 없습니다. 재희 역 김고은 배우, 흥수 역 노상현 배우가 각자의
캐릭터를 확장시켜 준 면이 있나요?**

이언희 감독

그럼요. 김고은 배우가 최근 어느 인터뷰에서 "정말 대본에
충실하게 연기했다"라고 얘기했던데, 물론 맞아요. 그런데
대본의 글자를 배우가 진짜로 보이게 하는 건 완전히 다른

작업이잖아요. 우리가 생각했던 재희를 선명하게 그려내는
작업, 그건 김고은 배우가 아니었으면 가능했을까 싶어요.
재희는 쉽지 않은 캐릭터니까요. 청춘영화의 주인공인데도
미래에 대한 생각이나 꿈이 없어서 주인공 같지 않아 보이는
캐릭터고, 자신을 드러내는 성격인 것 같지만 실은 끊임없이
누군가에게 맞춰주는 성격이에요. 정말 어려운 선택을 하는
캐릭터이거든요.

　　김나들 작가
　　한번은 촬영장에 가서 모니터를 보는데 김고은 배우의 얼굴이
　　잡힌 거예요. 같이 있던 이정아 대표님과 눈이 마주쳤어요.
　　이렇게 싱그러울 수 있다니. 배우의 호감도가 캐릭터가 가질
　　수 있는 어떤 불안 요소들을 무마시켜 주는 매력이 된다는 걸
　　그때 느꼈어요.

이언희 감독
흥수를 연기한 노상현 배우는 처음에는 조금 낯설었어요.
그러니까, 우리 곁에 없던 새로운 외모라고 해야 할까요?
그리고 소설 속 캐릭터에는 박상영 작가 본인의 느낌이 묻어
있어서 변화를 주고자 했고, 잘생긴 남자 배우가 연기하는
캐릭터에 영이라는 이름까지 붙으면 너무 느끼할 것
같았어요. 그래서 좀 친근한 이름, 촌스러운 이름으로 바꿨죠.

　　김나들 작가
　　영화 초반에 흥수와 재희의 손목에 각각 J.H라는 문신을
　　보여주면서 둘의 관계를 궁금하게 하는 것도 좋겠다고
　　생각했어요. 영을 흥수로 바꾼 건 그 이니셜을 맞추려는
　　이유도 있었죠.

이언희 감독
노상현 배우는 〈파친코〉에서 좋은 연기를 보여줬지만 주요
인물의 곁을 따라가는 인물을 연기했죠. 그래서 만나기
전에는 외모에서 주는 낯섦에 더해서 관객들이 이입해야

하는 주인공을 연기하는 게 가능할까 싶었어요. 그런데
만나고 나서 바로 가능할 거라는 걸 알았죠. 어느 정도 성공한
배우들은 실제로 만나면 거부할 수 없는 매력이 있는 것
같아요.

김혜성 PD
노상현 배우는 고민이 많고 내향적인 면이 있거든요.
그게 흥수 캐릭터와 잘 맞아떨어진 게 아닌가 싶어요.

김나들 작가
그간 한국영화나 드라마에서 조연으로 나왔던 게이
캐릭터들은 예쁘고 나긋나긋한 이미지가 많았는데, 노상현
배우가 연기한 흥수는 정반대로 선이 살아 있는 얼굴이죠.
우리나라에서도 이런 게이가 나올 때가 됐다고 생각했어요.

정수진 CP
늘 할 법한 캐스팅이 아니라고 할까요? 캐스팅에서부터
원작과 다른 느낌이 더 생긴 것 같아요.

김혜성 PD
감독님이 흥수가 고딕 풍이니까 연애 상대인 수호는
둥근 형이어야 된다고 하셨죠. 부드럽고 선이 고운
느낌으로 캐스팅하셨던 기억이 납니다.

이언희 감독
각색 과정에서 가장 어려웠던 건 노상현 배우를 닮은 사람을
찾는 거 아니었나요? (웃음) 수호가 흥수에게 영화배우
누구와 닮았다고 하는 장면이 있잖아요. "〈해피 투게더〉
나오는 그 배우 닮았어요"라고. 흥수가 "장국영?" 하니까
수호가 "양조위"라고 하죠. 처음엔 〈화양연화〉의 양조위로
했다가 〈해피 투게더〉의 양조위로 바꿨어요. 촬영감독님이
바꾸자고 강력하게 주장했어요. (웃음)

네 분이 지금 이렇게 대화를 주고받는 광경을 보고 있으면 각본이 1고, 2고, 3고 나올 때마다 어딘가 모여서 이렇게 아이디어를 주고받지 않았을까 짐작해 봅니다. 각자의 경험을 얘기하고 또 작품에 대한 고민을 교환하는 과정이 각본의 완성에 중요한 역할을 했을 것 같은데요.

김나들 작가
회의를 정말 많이 했어요. 처음이에요. 각본 작업하면서 그렇게 일주일마다 본 게.

이언희 감독
그냥 일만 많이 한 게 아니라 계속 뭘 많이 먹었죠. (웃음)

정수진 CP
식비가 많이 나왔습니다. (웃음)

이언희 감독
그리고 우연히 다들 가까운 데 살았어요.

김혜성 PD
다 마포, 상수, 망원, 연희 쪽이었죠. 그래서 카페에서 만나서 하루 종일 회의했어요.

김나들 작가
코로나19가 창궐하던 때였어요. 다들 줌 회의를 할 때였지만 우리는 대면 모임을 할 수 있는 인원수를 딱 맞춰서 꼬박꼬박 대면 회의를 했죠.

이언희 감독
이 영화는 서사보다는 캐릭터가 중요한 영화였고, 또 많은 공감을 목표로 하는 영화였어요. 보편적인 공감을 불러오는 캐릭터를 만들려고 하지만, 그 캐릭터가 살아 있으려면 확실한 개별성을 가져야 하잖아요. 양면을 다 지닌 캐릭터를 만드는 작업이 가장 어려운데, 그래서 이 과정이 좋았던 것 같아요. 여러 사람의 얘기를 듣고 거기서 어떤 요소들을 찾아내는 게 말이죠.

영화에서는 재희와 홍수의 13년에 걸친 우정의 이야기를 담습니다. 13년간의 다양한 에피소드를 채워 넣은 것이나 전체 구조에 대한 고민은 없었나요?

<u>김나들 작가</u>
에피소드를 덜어내는 게 일이었지 만드는 건 문제가 아니었던 것 같아요. 재미있는 게 계속 떠올랐거든요. 시간이 지나서 미화된 건지는 모르겠는데, 뭔가 어려웠다는 기억이 없어요.

<u>이언희 감독</u>
미화된 거 맞을 거예요. (웃음) 저는 원작 단편 「재희」를 읽으면서 지금 완성된 영화의 구조에 나이를 숫자로 크게 넣겠다는 것과 몽타주를 중간중간 채워 넣겠다는 계획을 했고, 그건 변하지 않았던 거 같아요. 어려웠던 미션은 재희를 결혼시키느냐 마느냐였죠. 각본 작업 내내 고민했어요. 저는 결혼식을 포기하기는 싫고 결혼식의 주체를 바꿔볼까 고민했어요. 저만 했나요? (웃음)

<u>정수진 CP</u>
헷갈리게 하자는 얘기도 했잖아요. 세 명의 남자가 있어서, 누구와 결혼하는 건지.

<u>김혜성 PD</u>
작가님이 쓰시지는 않았지만 재희의 결혼을 빼 보는 것에 대해서도 고민했어요.

<u>이언희 감독</u>
요즘엔 결혼을 너무 안전한 선택으로 보기도 하니까요. 결과적으로 이 고민이 너무 답답해서 결정했어요. "재희가 결혼하면 왜 안 되지? 결혼한다는데 이렇게까지 이유를 찾아야 돼?" 하면서요.

<u>김나들 작가</u>
맞아요. "재희는 다 해볼 것 같은데?" 그랬죠.

이언희 감독

참, 김혜성 PD님은 〈대도시의 사랑법〉 촬영 중에 결혼을
하셨어요. 이 영화 각본 작업 과정에서 나온 가장 큰 성과이죠.
이 작업을 시작하시면서 선언하셨거든요. "저는 연애를
하겠습니다. 이 영화를 위해서." 부단한 노력이 있었어요.
(웃음)

> **김혜성 PD**
>
> 소개팅을 많이 했죠. 각본 작업을 하는 동안
> 남자친구가 두 번 바뀌었어요.

이언희 감독

남자친구와 정치적 견해로 싸웠다는 얘기를 하다가 이런
에피소드도 좋다며 열심히 회의했고요.

> **정수진 CP**
>
> 저희가 촬영 시점이 좀 달라져서 김혜성 PD가 본의 아니게
> 촬영 중에 결혼을 하게 됐어요. 그때 해야 예식장 비용이
> 싸다고 하더라고요. (웃음)

> **김혜성 PD**
>
> 재희 결혼식 장면을 촬영하기 전날이 제 결혼식이었어요.
> 제작팀에서 제 결혼식장에 있던 꽃을 가져오라고
> 하시더라고요. 미술 비용을 줄여보겠다고. (웃음)

> **김나들 작가**
>
> 저는 김혜성 PD님 결혼식 하객으로 갔더니 감독님이 "내일
> 촬영 때 이대로 나오세요"라고 하셔서 재희 결혼식장에 가서
> 또 앉아 있게 됐죠. (웃음)

각자의 삶을 나누며 각본을 완성하는 과정에서, 방향 전환이 필요했던 결정적 순간도 있었나요?

김나들 작가

가장 큰 건 재희의 부모님 에피소드였어요. 2고에서 재희의 부모를 과감히 생략하기로 했던 거.

김혜성 PD

재희 캐릭터를 만들 때 각본 회의에 참여했던 쇼박스의 남다정 PD가 자기 친구들 얘기를 많이 해줬어요. 소설에서는 재희가 부유한 집의 딸 같은 느낌이 조금 있었는데, 그런 것보다는 많은 친구들이 공감할 수 있는 요소가 있었으면 좋겠다고 하면서요. 놀기도 열심히 놀고 공부도 열심히 하고 알바도 열심히 하고 모든 걸 다 열심히 하는 사람이면 어떻겠냐는 거죠. 그러면 원나잇을 하든 연애를 하든 괜찮지 않을까 하면서. 그리고 작가님께서 클럽에서 밤새도록 놀고 강의실에 들어온 재희가 오바이트가 쏠리니까 귀에 비닐봉지를 걸고 앉아 있는 모습을 쓰셔서, 재희에게 입체적인 면모가 더 생겼죠. 2고에서 3고 넘어가면서는 재희의 캐릭터를 더 발전시키는 게 중요한 과제였어요. 재희가 어떤 성장을 하는가에 방점을 찍었던 것 같아요.

김나들 작가

흥수는 명확했어요. 게이로서 받는 차별이 있고, 그에 대한 에피소드를 만들어내는 게 너무 명확했죠. 엄마와의 스토리도 그렇고요.

이언희 감독

흥수는 퀴어 영화 영역에서 보면 입문 캐릭터, 초심자 코스예요. 그런데 그게 우리의 선택이었어요. 소설에서

영은 흥수보다는 한 단계 나아간 게이 캐릭터라서 설명이
필요 없는 부분도 있었죠. 저희는 상업영화 안에서 흥수를
이해시켜야 하기 때문에 더 설명적이더라도, 그걸 서운해하는
사람이 있더라도, 초심자 코스로 가야 한다고 생각했어요.
그게 무척 큰 결정이었죠.

김혜성 PD
그런 신들 있잖아요. 강의실 책상에 'ㅈㅈㅁㅎ ㄱㄷㅇ
ㅈㄹㅎㄱ ㅇㄴ(쥐좆만한 것들이 지랄하고 있네)'가
쓰여 있거나, 화장실에서 피를 토한 줄 알았던 흥수
엄마가 실은 복분자 술을 먹고 토한 신 같은. 그걸 보면
의심이 안 든다고 할까요. 작가님이 써 주신 흥수를
믿고 따라갔던 것 같아요.

혹시 마음속에 아쉬움으로 남게 된 삭제 장면이 있는지요?

이언희 감독
친구들과의 장면이죠. 촬영을 너무 열심히, 재밌게 해준
배우들에 대한 미안함이 있어요. 특히 철구라는 캐릭터가
중요하게 나오는데, 제가 너무 사랑한 캐릭터거든요. 투 머치
토커로 설정해서 끊임없이 나불대는 캐릭터였는데 비중이
거의 없어져서 배우에게 너무 미안해요.

김나들 작가
저는 진짜 아쉬운 장면이 하나도 떠오르지 않아요. 감정선을
위해 꼭 필요한 장면들은 다 들어가 있어서요. 삭제 장면
중에서 기억나는 건, 흥수가 면접을 보러 가서 노래 부르는
장면이 있어요. 그 장면이 재미있었는데.

이언희 감독
예산 때문에 빠졌죠. 하하. 사실 제가 이 영화를 위해서

세 곡을 쓰게 해달라고 호기롭게 부탁을 했는데, 미쓰에이의
'Bad Girl Good Girl', 그 한 곡을 지키기도 쉽지 않았어요.

　　　정수진 CP
　　　결론적으로는 완성된 영화가 밸런스가 잡혀 있어서 좋은데요.
　　　감독님과 마찬가지로 어렵게 출연해 줬지만 빠진 배우들이
　　　생각나요. 레게머리로 나온 주종혁 배우의 장면이 날아갔죠.
　　　배우도 영화를 봤을 텐데, 그 생각을 하면 너무 미안해요.
　　　당시에는 정말 잘 찍어주고 도와줬으니까요.

이언희 감독
작가님이 길게 쓰셨어요. 너무 신나서 쓰고 재미있게 쓰셔서
뺄 수 없는 게 많았어요. (웃음)

　　　　　김나들 작가
　　　　　그런데도 못 넣어서 아쉬운 장면이 있다니! (웃음) 흥수와
　　　　　재희가 한 남자를 좋아해서 서로 머리채 잡고 싸우는 걸
　　　　　꼭 넣고 싶었거든요. 다행히 둘이 머리채 잡는 모습은 너무
　　　　　차지게 들어가서 그걸로 대리만족 했죠.

　　　　　　김혜성 PD
　　　　　　진짜 각도를 이렇게 확 꺾어서 잡아채잖아요. (웃음)

이언희 감독
그 현장에 김고은 배우의 붙임머리가 떨어졌어요. 크게 티는
안 나는데, 사실 따지고 보면 NG죠. 그럴 때 현장에서 항상
하는 말이 있어요. 그런 게 보이면 영화가 재미없는 거야.
(웃음)

각본 작업 과정에서 캐릭터를 구축하고 감정선을 만드는 것만큼이나 영화적인 이미지들을 만들려는 노력도 중요하겠죠. 〈대도시의 사랑법〉은 서울이라는 공간이 중요하게 다뤄지는 영화이기 때문에 그런 부분이 각본에 어떻게 반영되었는지도 궁금합니다.

이언희 감독

저는 지하철에서 재희가 자기를 보는 장면이 꼭 들어가야 한다고 생각했고, 콘티를 짜면서 촬영감독과 함께 서울에서의 동선을 고민했어요. 원래 흥수 집이 어디에 있고, 재희와 흥수가 같이 살게 되는 집은 어디에 있나. 강남에서 고기를 먹을 때도 강남 어디여야 되나 등등. 재희와 흥수가 같이 살던 집은 어떤 집이었으면 좋겠다는 의견들은 수렴했지만 구체화시키는 건 제 몫이 크죠.

김나들 작가

재희와 흥수가 각자 사건을 겪고 같이 싸운 뒤에 화해하고 나서 재희가 흥수 무릎을 베고 누워 있는 장면이 있잖아요. 완성된 영화로 보니까 화면에 먼지들이 떠다니는 게, 나른하고 따뜻한 느낌이 확 나서 너무 좋더라고요.

이언희 감독

스모그를 좀 뿌렸죠. 그 좁은 세트장에서.

김혜성 PD

작가님은 처음에 원룸을 생각하셨던 거죠?

김나들 작가

저는 방이 크고 미닫이문이 있고 작은 주방이 있는, 1.5룸 정도 되는 공간을 생각했는데, 감독님이 거기서 긴 시간을 같이 사는 건 말이 안 되는 것 같고 찍기도 힘들다고 하셨어요. 거의 10년의 시간이니까요. 그래서 원룸에서 투룸이 됐죠. 재희는 더 부자가 된 거죠.

이언희 감독

로케이션 헌팅 때 중요하게 생각했던 게 재희 집이 교통이
안 좋은 집이라는 거였어요. 언덕을 계속 설정했죠. 집값이
싸야 하니까요. 로케이션의 목표는 내가 20대에 살고 싶었을
것 같은 집이었고요. 지금이라면 불편할 수도 있지만. 내부는
세트지만 겉에서 보이는 게 납득이 돼야 했죠. 좀 이상한
구조가 나와도 되는 느낌의 집을 찾아야 하는데 대부분
전형적인 집들이 많았어요. 그래서 촬영 여건상 어렵지만
영화 속 설정과 동일한 이태원에서 찍을 수밖에 없었어요.

결국 〈대도시의 사랑법〉은 어떤 부분을 채워주고 경험하게 해줬을까요?

김나들 작가

이 영화에 제 오랜 친구들의 에피소드들이 많이 들어갔어요.
흥수 엄마의 복분자 신도 제 친구 아버지의 실제
에피소드였고,—"너 소개팅 할래? 형사 어때?" 그랬더니
"범인보다 낫지"라는 대사는 제 친구가 자기 오빠와 나눈
대화이고요. 또 제가 가장 좋아하는 놀이터 신에서,
"보고 싶다는 말이 사랑한다는 말보다 더 진짜 같다"라고 하는
대사도 제 친구가 제게 해준 말이었어요.
"그 사람이 좋아?"라고 묻길래 제가 "좋은 건 모르겠고
보고 싶긴 해"라고 했더니 친구가 이렇게 말했거든요.
"난 보고 싶다는 말이 더 진짜 같아." 그런 기억들을 정리하다
보니 이 영화가 본의 아니게 제 20대의 외장하드가
되어버린 거죠. 그래서 더 의미가 깊어요. 이렇게 감독님과
처음부터 함께한 작업도 처음이었어요. 이렇게 회의를
많이 하고, 끝나고도 모이고, PD님도 퇴근하다가 심심해서
전화하시는 것까지도요. 작가는 보통 촬영 시작 전에

189

빠지잖아요. 그런데 이 영화는 출연해라, 개봉 후 메가토크 GV를 해라 등등 끝까지 뭘 하자고 했어요. 개봉 후에도 내가 이 영화의 팀원이라는 느낌을 처음으로 받은 영화였어요.

정수진 CP

메가토크는 정말 작가님을 위한 자리였어요. 박상영 작가님도 개봉 때 무대인사에서 도움을 많이 주셔서 재밌게 진행한 기억이 있는데, 그러면서 김나들 작가님 생각이 났죠. 이 영화의 공헌자인데, 관객 앞으로 끌어내고 싶은 마음이 있었던 것 같아요.

김나들 작가

시나리오 작가들이 이런 경험을 다 한 번씩 해봤으면 좋겠어요. 이렇게 따뜻한 경험을 한 번은 했으면 좋겠어요. 그럼 내가 영화 하기를 잘했다는 생각이 들 것 같아요.

이언희 감독

한 번으로 되겠어요? (웃음) 참, 작가님에게 하고 싶던 질문이 생각났어요. "네가 너인 게 어떻게 네 약점이 될 수 있어"라는 대사는 어떻게 쓰셨어요?

김나들 작가

개봉 후 감사하게도 명대사라고 얘기해주시는 대사들 중에 제가 의도적으로 힘을 준 대사는 하나도 없거든요. 그 대사도 정말 도식적으로 생각했어요. 두 사람이 친해지는 과정에서 재희가 던진 대사를 엔딩에서 흥수가 재희에게 되돌려줬으면 좋겠다고 생각했고, 두 캐릭터를 관통하는 명료한 대사가 뭐가 있을까 해서 나온 거예요.

이언희 감독

작가님이 우정을 키워드로 각본을 썼다고 하셨지만 저는 그 대사가 결국 성장에 대한 것이라고 생각했어요. 서로가 존재하기 때문에 할 수 있는 성장이죠. 굉장히 중요한 대사라고 생각했는데, 실제로 이 영화를 가장 잘 설명하는 대사가 됐어요. 그 대사를 쓰신 작가님이 고마워서 언급했어요. '배드 걸 굿 걸'도 사람들이 어떻게 골랐냐고 물어보는데, 김혜성 PD님 아이디어라는 말을 할 기회가 없었어요. 심지어 어디선가 김나들 작가님 아이디어라고 인터뷰했었는데, 여기서 정정하겠습니다. (웃음)

김혜성 PD

이 영화만큼 제 개인사를 많이 풀어놓은 프로젝트가 없었어요. 기획 개발 과정에서 제 얘기도 하고 제 친구 얘기도 하고 전 남친 얘기도 하고. 저도 저의 20대를 여기에 많이 풀어놓은 느낌이에요. 30대에 이 영화와 더불어 결혼을 했는데, 제 결혼식 다음 날 재희 결혼식 촬영을 한 것도 운명처럼 느껴졌어요. 그래서 완성된 영화를 봤을 때 '내 청춘의 완성' 같은 느낌도 있었던 것 같아요.

정수진 CP

저의 20대는 많은 심각한 질문을 가졌던 시절이었어요. 나는 누구이고 무엇인가 같은. 정답을 찾으려고 했던 20대였던 것 같아요. 이 영화의 재희와 흥수를 보면 정답을 찾는 게 아니잖아요. 모든 게 다 과정이고 완성도 아니고. 답은 이때 찾으려고 해 봐도 찾아지지 않는 거였구나, 라는 생각을 하면서 저의 지난날에 대한 어떤 위로를 느끼게 된 것 같아요. 포근함, 토닥거림 같은 걸요.

이언희 감독

여기서 제가 약간 분위기를 깨는 것 같은데, (웃음) 저는 아직 제가 이 영화를 온전히 좋아하는지 잘 모르겠어요.

정수진 CP

과정에서 힘든 일들이 많았어요. 그걸 좋은 기억으로 매만지고 있죠. 투자가 어렵게 성사되고도

말 못 할 이슈들이 있었어요. 보이지 않게 멱살 잡고
끌고 가는 느낌이 있었죠. 그래도 결과적으로는 매듭이
지어졌다는 거. 그게 가장 중요하겠죠.

김나들 작가

'고생의 총량'이라는 게 있다는데, 우리는 앞이 좋아서
힘든 일이 다 촬영으로 밀렸나 봐요.

이언희 감독

〈대도시의 사랑법〉을 만드는 4년의 시간 속에서, 각본
작업을 하던 2년이 참 좋았어요. 그래서 제가 이후를 더 크게
기대했던 것 같아요. 이 영화를 칭찬해 주시고 좋아해 주시는
분들에게 너무 고마워요. 그런데 저는 시간이 더 필요한 것
같아요. 더 천천히 더 온전히 좋아하려고 합니다.

스틸컷

대도시의 사랑법 각본집
Love in the Big City: The Screenplay

초판 1쇄 발행 2025년 11월 14일

각본 김나들

펴낸이 백준오
편집 이한솔
교정 이모람

스틸 김설우
스토리보드 김소령

디자인 프론트도어
인쇄 인타임

펴낸곳 플레인아카이브
출판등록: 2017년 3월 30일 제406-2017-000039호
주소: 경기도 파주시 회동길 336-17, 302호
이메일: cs@plainarchive.com
인스타그램: @plainarchive

ISBN
979-11-90738-26-2